Frohe Festtage
wünscht

garage M. Koller

GARAGE M. KOLLER
Dornacherstrasse 301
4053 Basel
Tel. 061 50 90 31

Hochs. Parton.
wünscht

Gruss   M. Noll.

-minu

Bettmümpfeli für Grosse
Band 2

© 1985 Buchverlag Basler Zeitung
Druck: Basler Zeitung, 4002 Basel
Printed in Switzerland

2. Auflage

ISBN 3 85815 071 1

-minu

Bettmümpfeli für Grosse

mit Zeichnungen von Rose-Marie Joray

Band 2

Buchverlag Basler Zeitung

Nagelkauer

Es gibt Leute, die bohren bei Rotlicht in der Nase. Bei Grünlicht haben sie dann das Geschenk. Und wissen nicht wohin damit.
Das nennt man einen Tick.
Andere wiederum kratzen sich konstant am Bart. Oder sie lutschen Bonbons. Meistens Himbeer-Aroma. Bei depressivem Wetter Veilchen.
Auch das ist ein Tick.
Ich wiederum habe den Tick mit den Nägeln. Ich bin ein Kauer – ein Nagelkauer.
Als Kind hat man mir Senf auf die Finger gestrichen. Erfolglos. Ich finde Nägel mit Senf zwar entschieden zu würzig – aber in der Not frisst der Teufel Fliegen.
Dann hat man mir einen Fünfliber versprochen. Mutter meinte gerührt: «Wenn ich sie dir das erste Mal schneiden darf, bekommst Du das Geld.» Sie hätte so gern einmal das Gefühl einer fingernägelschneidenden Mutter gehabt. Sie hoffte umsonst. Schon damals schien mir der Preis etwas zu niedrig – meine Fingernägel waren mir mehr wert.
Unsere Tante Hulda (die mit «meine kleine Hausapotheke») sah einen klaren Kalk-Mangel. «Gebt dem Kind Calcium. Und es hört automatisch mit dem Kauen auf...»
Ich bekam Calcium. Tonnenweise. Allerdings schmeckten meine Nägel entschieden besser als

diese bleichweissen Calcium-Pillen. «Dann ist es psychisch», erklärte Hulda ergriffen, «das arme Kind leidet. Und kaut unter Zwang.»

Ehrlich – mich stört meine Nägelkauerei überhaupt nicht. Es sind stets die andern, die sich daran stossen. So habe ich in Paris Madame «Myrha», die berühmte Hellseherin besucht, bin in ihre geheimnisvolle Stube gekommen, habe mich vor die Kugel gesetzt und gespannt die Hände ausgebreitet – «vous vous rongez les ongles», strahlte sie. Und dafür war ich nun hierher gekommen.

Auch meine besten Freunde drucksen beim Mittagessen um den Brei herum: «Also wir wollten es dir schon lange einmal sagen ... es ist natürlich unangenehm ... und nicht, dass Du etwa denkst, wir mögen dich deswegen weniger ...».

Ich fühle mich unsicher, weiss nicht, ob ich einem von ihnen Geld schulde ... ob ich wieder einen Bockmist geschrieben habe – schlimmer noch: schlechter Atem?

Und dann: «Du kaust Nägel! Weshalb kaust Du Nägel? Weisst Du nicht, dass etwa 35 Prozent aller Schweizer den Leuten auf die Hände schauen. Deine Finger sind nagellos – kleine charmelose Würstchen. Nimm Calcium. Oder geh' zum Psychiater!»

Der Psychiater legte mich aufs Sofa, lächelte mir aufmunternd zu, zückte Block und Bleistift – und eh' ich mit meinem Problem, das gar nicht meines,

sondern das der andern ist, beginnen konnte, sah ich es: Auch er! Mit spezieller Vorliebe für die Daumen.
«Nehmen Sie Calcium», schlug ich ihm vor. Und verliess die Couch.
Tick hin. Tick her. Wenn ich jetzt meine Fingerchen betrachte, wie sie so über die Tasten wuseln – es ist schrecklich: aber mir läuft schon wieder das Wasser im Munde zusammen...

Telefon

Vor einem Vierteljahrhundert noch spielte sich der Informations-Austausch unserer Familie unter dem Milchkesseli ab. Man fand dort oft geheimnisvoll gefaltete Zettelchen mit noch geheimnisvolleren Hieroglyphen – etwa «Komme zum Kaffee – muss dringend mit euch sprechen ... Tante Esmeralda.» Oder «Es fehlten 35 Centimes – der Milchmann».

Die 35 Centimes waren in Fünferbölle versilbert worden. Und spätestens nach vier Stunden wussten sie's daheim. Unsere zweite Informations-Trägerin war nämlich Frau Gygax. Und ihre Zentrale war das Konsum.

Dann erschien ein Mann in unserer Wohnung. Er bohrte Löcher in die Wände, kabelte an allerlei Leitungen herum und zauberte ein schwarzes Kistchen hervor.

«Ach Hans», flüsterte meine Mutter ergriffen, «meinst du es funktioniert wirklich?»

Wir sassen dann nervig um das schwarze Ding herum und Mutter erklärte, dass es demnächst einmal schellen würde. Vermutlich sei dann Tante Esmeralda in der Leitung. Und es sei ein technisches Wunder. Und überhaupt könne man auf den Fortschritt nur stolz sein ...

Es schellte. Und ich erwartete, dass Tante Esmeralda irgendwo aus dem Kabel aufsteigen würde.

Doch Mutter schüttelte nur traurig den Kopf: «Falsch verbunden. An so etwas werden wir uns nun wohl gewöhnen müssen!»

Wir gewöhnten uns daran. Wir gewöhnten uns auch an Frau Gygax, die alle zwei Stunden «nur schnell mal telefonieren wollte» und unser Telefon-Tischchen zu ihrer Informationszentrale umfunktionierte. Ja, wir gewöhnten uns auch an diejenigen Anrufe, die mit honigsüsser Stimme unsern lieben Papa verlangten, und bei denen Mutters Kopfader leicht anschwoll: «Jean – qu'est-ce que ça veut dire?»

Mein Vater faselte dann etwas von Billeteusen. Später wurden die Billeteusen abgelöst. Aber die Anrufe sind geblieben.

Mit der Zeit gewöhnte ich mich an den Apparat. Ja, er wurde zur Notwendigkeit. Die meisten Resultate von Mathematik-Aufgaben wurden im telefonischen Verfahren weitergegeben – später habe ich mit Peter Thurneysen die allerersten Tanzstunden-Aventüren per Hörer durchgehechelt. Manchmal einen halben Nachmittag lang. Thurneysen ist Psychiater geworden. Und ich bin überzeugt, dass ich es war, der ihm den Grundstein zum richtigen Zuhören gelegt hat...

Die Technik war nicht mehr zu bremsen. Heute schelle ich nicht nur – heute piepst es bereits bei mir. Unsere Telefonistinnen wählen fröhlich eine vierstellige Nummer. Ich sitze beim zärtlichsten

Geplänkel, will deutlicher werden, und schon heisst's: «Bei dir piepst's!» Gefühlvolle Menschen geben in solchen Momenten eine angehende Verbindung klar auf – sie werden unterbrochen, unterpiepst, wenn Sie wollen.

Einmal hatte ich einfach genug. Ich wollte in ungestörter Zweisamkeit sein, legte den Hörer neben die Gabel, freute mich auf den netten Abend ohne Störungen – da, als es so richtig gemütlich werden wollte, heulte ein penetranter Ton durch den Raum. Er kam vom Telefon. «Sie haben nicht aufgehängt», murrte eine Stimme am andern Ende. Da zog ich den Stecker aus. Wutentbrannt. Nach einer Stunde schellte die Hausglocke. Wir liessen es schellen. Dreimal. Zehnmal. Schliesslich klopfte es an die Fenster: «Ich bin's – die Mama!» Ich öffnete.

Sie rauschte herein: «Also ehrlich – zuerst rufe ich Dich 20mal an. Da war immer besetzt. Dann benachrichtigte ich die Störung, und die sagten, du hättest nicht aufgelegt. Und dann habe ich gedacht, jetzt komme ich selber einmal vorbei...»

Meine Lieben – seit heute habe ich wieder ein Milchkästli. Mit Milchkesseli. Und gefaltetem, geduldigem Papier darunter...

Frühturnen

Vielleicht kennen Sie das: Man muss die Schuhe binden. Man bückt sich also, versucht die Schuhbändel zu erreichen, bricht in Schweiss aus und spürt, wie's einem die Luft abstellt.

Der Puls flattert. Und meine Perle Linda grinst hämisch: «Ich sag's immer - was Du brauchen, is Sport. Wir in Jamaica immer Sport. Viel Schwimmen. Und viel marschieren. Und dann nicht schnaufen mehr wie krankes Nilflusspferd...»

Damit biss Linda herzhaft die dritte Tafel Schokolade an. Pralinéfüllung. Sie könnte spielend sechs verdrücken. Sie bleibt spindelschlank. Es ist weniger der Sport, sondern die gute Verdauung, die sie rank erhält.

Aber jetzt ist sie in ihrer Mission nicht mehr zu bremsen: «Du brauchen Frühturnen. Ich habe gekannt Offizier, der war so dick wie sechs Elefanten...»

Es folgte die wunderbare Mär vom dicken Offizier, der mit Linda Frühturnen trieb und - oh Miraculum! - nach der zehnten Lektion spielend Schuhe binden und Grösse 38 tragen konnte.

Ich möchte auch einmal - 38 - tragen. Ich möchte ein einziges Mal erleben, dass die Verkäuferin bei meinen Wünschen nicht zusammenzuckt und flüstert: «Tut mir leid - solche Grössen führen wir nicht.»

«Es sein ganz einfach...», erklärt nun Linda entschlossen. Sie setzt sich auf den Teppich, Schneidersitz, dann verschränkt sie die Hände hinter dem Kopf und wippt hin und her. «Du auch versuchen...»

Ich donnere zu Boden. Ich verknote die Beine. Ich falle mal links. Dann falle ich rechts. Linda schaut kritisch: «Dickes Offizier war aber viel mehr beweglich. Du Störung mit Gleichgewicht. Wir in Jamaica nie Störung im Gleichgewicht. Wir essen viel Fischflossen-Salat. Und dann morgens früh Dusche mit eiskalt Wasser. Und das gibt gutes Gleichgewicht – ich beweisen Dir...» Sie macht den Storch und steht auf einem Bein. Sie kippt nicht links, sie kippt nicht rechts. Dabei isst sie nicht etwa Fischflossen-Salat. Sondern von meinem Schokoladen-Vorrat. Diesmal Croquant-Füllung.

Immerhin – heute morgen habe ich den ersten Frühturn-Anlauf genommen. Als die Morgenröte mit dem Sechs-Uhr-Nachrichtensprecher erwachte, als das Zeitzeichen den letzten Piepser von sich gab und von oben Zirngibels Wasserspülung rauschte – da kehrte ich mich mit sportlicher Wendigkeit noch einmal auf die andere Seite und pennte weiter.

Die Gleichgewichtsstörungen behebe ich mit zwei Tafeln Schokolade. Croquant – für die linke Seite. Praliné – für die rechte...

Unpolitisch

Als ich das Licht dieser unpolitischen Welt erblickte, hörte ich Grossmutter jubilieren: «Er hat die vornehme Blässe der Meyers...»
Vater brüllte im Begeisterungstaumel: «Dummer Mist. Er hat die politische Röte seines Vaters...»
Dann gerieten sie sich in die Haare. Und vergassen mich dabei.
Unter diesem unglücklichen Stern begann meine apolitische Karriere.
In der Verwandtschaft nannten sie meinen Vater den «roten Hund». Und Mutter «das blaue Lottchen». Unsere Mittagessen wurden mit politischen Diskussionen gewürzt – Mutter brüllte nach rechts, Vater brüllte nach links. In der Mitte stand die Suppe. Ich ass sie stumm und hingebungsvoll. Damals lernte ich schon früh, dass die Unbeteiligten das Süppchen der politisch Engagierten auszulöffeln haben.
Ich erinnere mich auch noch an jenen Wahlkampf, als Mutter mit einem Paket Wahl-Zeitungen ihrer Partei und Vater mit den Zeitungen der Roten nach Hause kam.
«Du wirst doch nicht diese Hetzblätter im ganzen Quartier einstecken wollen?!», zeterte Mutter. Du machst mich im Konsum und bei Frau Zirngibel lächerlich. «Und Du mit Deinen kapitalistischen Schlagwörtern! Was sollen meine Trämler-Kolle-

gen denken – meine Frau fällt dem eigenen Mann in den Rücken...»

«Seit wann hat ein Sozialist Rückgrat?», meinte Mutter spitz.

Rosie und ich verschwanden. Wir wussten, wann die Stunde geschlagen hatte...

Nach zwei Stunden wurden wir in die Stube gerufen.

«Euer Vater hat euch einen Auftrag...», begann Mutter. «Er wollte diese Hetzblätter in die Briefkästen stecken...»

«Lotti!», Vater schoss ihr einen scharfen Blick zu. Dann wandte er sich an uns: «Eure Mutter hätte diese unmöglichen Broschüren in die Haushaltungen bringen sollen – sie wird es nicht tun. Wir werden die Zeitungen vernichten. Die linken und die rechten. Das nennt man einen politischen Kompromiss – versteht ihr?»

Wir verstanden. Wir wurden mit einem Leiterwagen auf die Strasse geschickt. Im Karren befand sich linkes und rechtes Propaganda-Material.

«Ihr werdet's hinter dem Gartenhäuschen verbrennen», erklärte Vater. Und Mutter seufzte.

Als wir nun eben das Feuerchen entfachen wollten, dieses Feuer, welches die Basis zu einer neuen Koalition gewesen wäre – justement in diesem Moment tauchte Frau Gygax auf: «Was tut ihr hier?»

«Wir verbrennen etwas.»

«Das sehe ich – woher habt ihr dieses Partei-Material?»

«Das rechte ist von Mutter, das linke von Vater...»

«Erzählt keinen Quatsch – sonst rauscht's!», sie wedelte energisch mit der Hand. Wir kannten die treffsichere Rechte von Frau Gygax. Und wir begannen zu heulen.

Als wir mit dem Leiterwagen und Frau Gygax nach Hause kamen, wurde Mutter rot. Und Vater bleich.

«Nein – diese Kinder!», riefen die Eltern, «was habt ihr wieder angestellt?!»

«Wir haben doch nur...»

Mutter rang die Hände: «... und dieses Partei-Material! Entsetzlich! Wo habt ihr denn diese linken Zeitungen her?» Vater donnerte: «Und dieses kapitalistische Gewäsch – schämt euch, so etwas mit euch zu tragen!» Dann wandten sich unsere lieben Eltern an Frau Gygax: Es sind eben noch Kinder – sie verstehen noch nichts von Politik...»

So bin ich politisch ein Kind geblieben...

Buschi-Sprache

Als ich kürzlich ein Kind bekam – ein Götti-Kind, wohlverstanden, das allerschönste Götti-Kind auf der ganzen Welt natürlich – als ich also kürzlich dieses Kind bekam und im Spital auftauchte, um den kleinen Erdenbürger zu begrüssen und ihm einen Band über die Midlife-Crisis des Mannes in die Hände zu drücken (denn mein Kind soll frühzeitig aufgeklärt werden) – als ich von einer freundlichen Schwester in das eigens für solche Fälle wie meinen Oliver eingerichtetes Buschi-Zimmer geführt wurde, hörte ich es zum ersten Mal: «Dalli Duuli, Du – wo-isch-e-woeli?-Wo? – Duuli?-Do?-Do!»

Da beugte sich doch eine Frau (die sich später als Grossmutter meines Olivers entpuppte) über den Kinderwagen und sprach Unverständliches auf meinen Oliver ein. Das Kind selber runzelte unwillig die Stirn, was ihm nicht zu verübeln war – die Krankenschwester mit Namen Hildegard tröstete mich dann allerdings, die Runzeln seien eine Alters-Erscheinung und bei Babies üblich.

Die Grossmutter von Oliver konnte es nicht fassen, dass ich nüchtern, überlegen vor den Kinderwagen stand, den Tüll-Rüschenvorhang hob und sagte: «Guten Tag Oliver. Hier bin ich – Dein lieber Götti. Ich habe Dir ein Buch mitgebracht. Ich hoffe...»

Meine Hoffnungen kamen nicht mehr an den jungen Mann. Denn Oliver hob ein Gebrüll an, das die umliegenden Babies ansteckte und ich vorwurfsvolle Blicke von Olivers Grossmutter sowie den Säuglingsschwestern einheimste. «Das Kind versteht Sie doch überhaupt nicht. Man muss mit Kleinkindern behutsam reden», soweit die Oberin. Dann wandte sie sich an meinen Oliver: «Nicht wahr – Duuli, Du? Dalli Duuli – Doo? Doo?»

Es ist ungeheuerlich, wie viele gute Ratschläge man eingeschöppelt bekommt, falls man jung Pate wird. Für die Taufzeremonie erklärte mir meine Tante Katharina (Adelboden), ich solle unbedingt darauf achten, dass dem Oliver das Wasser nicht in die Augen komme. Sonst leide er sein ganzes Leben an Heuschnupfen. Das sei verbürgt. Und Onkel Alphonse erklärte, man müsse mit ihm drei Mal ums Taufbecken gehen – so bekomme er nie Haarausfall.

Vor Kirchgang versammelte sich alles vor dem Stubenwagen und sprach «Dalli Duuli Duu?». Meine Proteste wurden überhört. Erst in der Kirche legte man Oliver in meine Arme. Der Pfarrer lächelte und flüsterte: «Bitte gegen das Publikum!» Ich verneigte mich leicht zu den ersten Reihen. Aber Oliver erbrüllte sich sofort alle Aufmerksamkeit (keiner beachtete auch nur eine Sekunde lang mein neues Hemd – reinseiden), nein,

da kommt dieser Oliver und schreit die halbe Gemeinde um. Alles ist entzückt. Alles gaggert in den Reihen – und da ist auch schon wieder die Grossmutter mit: «Dalli Duuli Oliver – will dill dein, duuli duu?».
Siehe da – er war sofort still.
Lieber Leser – bin y dummi Schryby-Muus, wo muss lernen wie sprechen mit lieb Olli, Duuli Duu?!

Brot

Brot – das ist für mich der Bäckermeister Schneiderhahn. Sein Laden war klein. Als Kind faszinierte mich der kühle Marmor-Verkaufs-Tisch. Die Regale mit den verschiedenen Brot-Sorten. Und der Bäcker, der stets einen weissen Kittel, karierte Hosen und einen Hauch von Mehlpuder auf dem Gesicht trug.

Das «Pfünderli» wurde mit einem durchsichtigen Seidenpapier eingewickelt. Meistens war's noch warm. Und spätestens auf der Tramkreuzung hatten meine Finger bereits ein riesiges Loch in die weiche Abriss-Stelle geknübelt. Ich genoss die kleinen, zarten Brotflaum-Fetzchen. Und zu Hause gingen sie in die Luft: «Also wenn du Hunger hast, lässt du dir ein richtiges Stück abschneiden – verstanden». Aber nichts auf der Welt schmeckte besser als die verbotenen warmen Brotflaum-Fetzchen.

Das Brot wurde in einer grossen Blech-Büchse aufbewahrt – der Brotkiste. In der Kiste lag überdies noch ein dickes, altes Messer mit Holzgriff – das Brotmesser.

Nie durften wir unerlaubt Brot nehmen. Wir hatten darum zu bitten. Und Mutter erklärte einmal einer Freundin: «Sie sollen als Kinder merken, dass Brot etwas Besonderes ist. Vielleicht kommt wieder einmal die Zeit, wo wir die Bissen abzählen müssen. Und wo der Duft von frischgebackenem Brot das Paradies bedeutet...»

Mutter erzählte mir sehr oft vom Krieg, von den Brotsäcklein, die sie nähen mussten. Und wie meine Grossmutter die Rationen aufgeteilt und in die Stoffsäcke abgepackt hatte. So war es selbstverständlich, dass man Brot nicht «umkommen liess». Aus den harten Reststücken wurde «Vogelheu» oder «Bortauflauf» – und am Samstag duftete die ganze Wohnung nach Brotsuppe».

Vielleicht liebe ich das Brot, weil da stets ein Stück Geschichte mit eingebacken ist – ein Stück Glaube, ein Stück Bibel, ein Stück Märchen. Und noch heute stecke ich ein frisches Bäcker-Brot nicht einfach achtlos in die Tasche. Ich halte es an mich, drücke es unter den Arm und will seine Wärme spüren.

Brot ist ein Stück meines Lebens geworden. Es kommt zu jedem Essen auf den Tisch, verbessert mir jeden Bissen – bis der Bissen im Hals stecken blieb, als der Arzt erklärte: «Verzichten sie halt aufs Brot – der Linie wegen».

Man riet mir zu abgepackten, dünnen Scheibchen, zu Knäckebrot, zu Vitamin-Schnittchen – ich holte diese Pakete von den Regalen. Und ich vermisste die Wärme des frischen Brotes. Und die weisse, weiche Abriss-Stelle mit den verbotenen Brotflaum-Fetzchen...

Der Frühling naht mit Brausen...

Die Sonne scheint. Ausnahmsweise. Denn der April macht ja bekanntlich was er will.
Ich setze mich an die Schreibmaschine. Das schlechte Gewissen plagt mich.
«Schreib etwas Nettes über den Frühling, über die Bäume, die ausschlagen...» (ich stelle mir dann die Bäume stets wie ausschlagende Pferde vor). Eine solche redaktionelle Bitte kann man nicht abschlagen.
Also schauen wir ins Grüne, warten wir auf die Inspiration, freuen wir uns an den Piepmatzen, die da auf meinem Balkon nach Zmorge-Brösmeli suchen.
Langsam überfällt mich eine frohe Stimmung – Frühling wird's in allen Knochen. Ich spüre, wie das Blut in den Fingerbeeri rast, wie die Gedanken aufs Papier wollen – also, nichts wie los: «Der Frühling naht mit Brausen. Ein zartgrüner Hauch liegt auf den Feldern. Schon weht ein leiser Duft von...»
Peng. Wumms. Rätsch. Die Türe öffnet sich. Linda ist's. Meine Perle. Sie hält einen Besen in der rechten Hand – den Eimer in der Linken.
«Tschuldigung... muss da putzen... Frühlingsputzerei.» Wumms. Peng. Sie gibt ein Eimer-Besen-Konzert in putz-moll.
«Liebe Linda, ich kann nicht schreiben, wenn Sie

da herumfegen. Ich sollte etwas Nettes über den Frühling in die Tasten hauen. Und Sie stören mich mit Ihrer Putzerei. Basta.»

Linda ist eitel Beleidigung: «Bitte – mit mir kann man's ja machen. Ich fange also in der Küche an... räume einmal die Schubladen... putze auf... hat's weiss Gott nötig.»

Wumms. Türe wieder zu. Ich sitze an den Tasten. Wo sind wir steckengeblieben? – Also: «Der Frühling naht mit Brausen. Ein zartgrüner Hauch liegt...»

Stimme aus der Küche: «Wo hat er nur den Meister Proper hin verlegt? Also gestern war er noch da. Struppi geh jetzt aus dem Weg. Und dass du ja still bist. Wir sollen den Pappi nicht stören. Der muss jetzt schreiben, damit er Batzeli verdient und du viel gutes ‹Hämmhämm› bekommst. Und...»

«Linda!!»

«Ach so – ich soll ja still sein. Bin schon stumm. Total toter Fisch...»

«Ich nehme noch einen Anlauf. «Der Frühling naht mit Brausen...»

Von draussen dringt Gepfeife an mein Ohr. Irgend so eine Schnulze. Dann wieder peng – und Scherbengeklirr. Schliesslich Linda: «Oh jeh – hatte aber schon einen Sprung... lass die Scherben liegen, Struppi, bis die dumme Linda sie aufgeputzt hat...»

Jetzt reisst meine Geduld. «Linda – gehen Sie mit

dem Hund spazieren. Schliesslich ist ein schöner Frühlingstag. Und da hockt man nicht zu Hause herum – marsch! Ab! Und atmet die frische Luft tief ein...»

Ich sitze wieder an der Maschine. Ruhe ist eingekehrt – herrliche Ruhe. Die Frühlingsputzerei ist noch einmal an mir vorbeigegangen. Jetzt kann ich's vollenden: «Der Frühling naht mit Brausen. Ein zartgrüner Hauch liegt über den Feldern. Schon weht ein leiser Duft von rosa Blüten-Pracht...»

Da – meine Putzfrau spaziert durch die Auen. Struppi springt voran. Jetzt halten die beiden – Linda winkt fröhlich, übermütig – ruft etwas. Ich öffne das Fenster. Sie winkt noch immer. Und fragt, ob sie eine grosse oder eine kleine Flasche «Meister Proper» einkaufen soll.

Der Frühling naht mit Brausen – die einen erleben ihn so. Die andern so.

Hüte

Mutter hatte ein Faible für Hüte. Heute trägt keiner mehr so etwas. Aber als ich noch ein Bub war, habe ich die Behütung meiner Mutter sehr bewundert.
Vater empfand die Hüte als kapitalistisches Übel: «In Russland tragen die Frauen Kopftücher», deklamierte er am Familientisch, «da sind alle gleich...»
«In Russland bekommen die Trämler auch kein Schweinsfilet an einem gewöhnlichen Mittwoch...», gab Mutter trocken zurück, «sondern grüne Bohnen. Und die sind auch alle gleich...»
Vater knallte die Serviette auf den Tisch. Mutter liess abräumen. Wir machten uns aus dem Staub.
«Vergiss Deine Mütze nicht», rief Mutter Vater bissig nach. Gemeint war die Trämler-Dächli-Mütze. Vielleicht hätte Vater lieber einen Hut gehabt...
Ausnahmsweise waren sich Grossmutter und Mutter hier einmal einig: «Du hast recht, Lotti – eine Dame trägt Hut. Und Handschuhe. Und wenn's auch fast keine mehr gibt, so müssen die Leute eben doch wissen, woher man kommt. Und was man ist...»
Die Hüte wurden alle bei Madame Turène gekauft. Alte wurden dort neu überzogen – neue wurden frisch nach Mutters Zeichnungen angefer-

tigt. Sie liebte Teller-Hüte. Und Vater nannte sie «die wandelnden Tortenplatten».

Es kam die Zeit, wo über die Gesichter zartfeine «Gitterli» wuchsen – kleine, schwarze Netzchen, die man unter das Kinn zog. Sofort wurde Madame Turène aufgesucht. Mutters Gesicht musste hinter Gitter. Vater lachte höhnisch: «Aha – wann hast Du Besuchserlaubnis?» Und Mutter schoss Blicke durch die engen Maschen.

Wir haben alles mitgemacht: die grossen Kübel-Hüte mit den fröhlichen Schmetterlingen darauf, die käseschachtelkleinen Hinterkopf-Hütchen, die riesigen Wagenhüte mit der Alpenflora aus Seide und Samt oder die Rennfahrer-Mützen-Epoche, als Mutter zum ersten Mal mit dem offenen Wagen ausfuhr.

Dann war plötzlich Schluss. Die Perücke löste den «Chapeau» ab – nur Grossmutter blieb bei der Hutstange: «Dame bleibt Dame – Hut bleibt Hut!»

Als Mutter nun kürzlich den Kasten ausräumte, wuchs zu ihren Füssen ein Hutberg. Sie setzte jeden Hut noch einmal auf, betrachtete sich kritisch im Spiegel, seufzte ein bisschen: «War halt doch eine tolle Zeit ... so behütet ...»

Vater erschien unter der Türe: «Was soll denn das? Probst Du für ein Kostüm-Fest? Nimm doch den Hut mit Vögeln und geh' als Volière ...»

Der Hut flog auch auf den Berg.

Mutter zuckte die Schultern: «Es gibt keine Hüte mehr. Es gibt keine Damen mehr.» Dann warf sie einen Blick zu Vater: «... und Gentlemen hat's nie gegeben...»

Überlastet

Kürzlich wurde ich von einem Lift beleidigt. So weit ist die Technik heute!

Man steigt noch völlig morgenmuffelig in den Lift, nickt den Kollegen links und rechts gedankenverloren zu, gähnt nochmals herzhaft und wundert sich, dass der Lift nicht fährt.

Schliesslich blinkt da ein Lämpchen auf: «Überlastet!».

Jetzt schaut man sich um. Da sind zwei vollschlanke Damen. Überdies zwei recht gesetzte Männer. Und ein jüngerer, netter Computer-Mensch.

«Einer ist wohl zuviel», erklärt der nette Mensch. Er kichert frech, hämisch, versaut einem den Morgen, grinst einem die schlechte Laune unter den Zahn: «Der Lift ist wohl nicht für Schwergewichtige gebaut... hahaha!»

Er findet den Witz wahnsinnig komisch. Wir anderen finden ihn weniger komisch. Und «Überlastet»... «Überlastet»... «Überlastet» – so funkt das Lämpchen.

«Also, einer muss aussteigen», hört man nun eine Stimme. Die dickere Dame ist's, die sich bemerkbar macht. Sie hat nichts zu befürchten. Sie hat eingebundene Beine. Und solche Beine verpflichten geradezu zur Liftfahrt. Solche Beine stellt man nicht einfach auf die Strasse.

Natürlich will jetzt keiner aussteigen. Denn man

sieht was kommt: wenn einer fehlt, erlischt das rote Lämpchen «Überlastet». Und alle Last der Überlastung fällt auf das Haupt desjenigen, der ausgestiegen ist. Er wäre also ganz alleine am Übergewicht schuld – und wer will heute schon übergewichtig sein, in dieser schlanken, ranken Zeit? Eben!

Ich schaue also eisern zum Boden. Ich spüre den Blick des Ekelhaften mageren netten Mannes. Ich merke auch, wie die andern übergewichtigen Brüder und Schwestern zu Boden schauen – «nur jetzt nicht aussteigen müssen», so denken alle. Und still fasst man den Vorsatz, diesen saudummen Lift mit dem «Überlastet»-Signal nur noch alleine zu betreten.

Oben klopfen sie bereits an die Türe. Noch ist niemand ausgestiegen. Höchstbelastung: 6 Personen zu 80 Kilo, heisst's auf dem Schildchen. Die Köpfe stellen Überschlagsrechnungen an. Die Köpfe erröten leicht. Dann endlich grinst der Magere: «Also laufe ich halt...» Er hüpft davon. Das Lämpchen «Überlastet» erlischt. Also, ich finde das Liftschildchen mit den 80 Kilo eine Zumutung!

Die Prüfung

Ich weiss nicht, ob Sie auch unter Prüfungs-Angst leiden. Ich leide. Und das hat seinen Grund.
Im Kindergarten machten sie eine Aufnahme-Prüfung für die Bibel-Singspiele. Mutter putzte mich heraus. Ich kam handgestrickt, brillantiniert und trug die Hoffnung der Familie auf den Schultern.
«Was kannst du denn sagen», fragte die Prüfungsdame, eine sittsame Dame mit gelösten Bibelsprüchen und Knoten. Leider hatte ich einen Onkel. Er hiess Alfons und soff. Überdies lernte er mich in jungen Jahren englisch. Also brillierte ich nicht mit «Die goldene Sonne», wie Mutter es mir beim Abwaschen gelernt hatte. Ich wollte alle überraschen. Und brachte stolz Onkel Alfons' britischen Spruch: «I have gschiss in a Blech-Box!»
Die Familie wurde rot. Die Bibel-Dame bleich. «Die goldene Sonne» ging unter – und mit ihr alle Hoffnungen auf ein Engagement in der Bibel-Gruppe.
Später bin ich in der ersten Gymnasial-Klasse durchgeflogen. Es lag an Geographie. An der Matur lag's später an allem – ich bin eben etwas, das auf alles fliegt. Und durchfliegt.
Irgendein schadenfroher Mensch hat mich nun dazu animiert, Autofahren zu lernen. Es hat Nerven gekostet – unser Fahrlehrer, Herr Müller, ein reizender Mensch mit so viel Einfahrvermögen,

Herr Müller ist um uns in einem halben Jahr gealtert. Man erkennt ihn kaum wieder. Die AHV schickt bereits Rente.

Es kam der Tag der Prüfung. Zuerst theoretisch. Und - wie nicht anders zu erwarten - ich flog.

Beim zweiten Mal sagten sie «Na ja - Sie werden's nie lernen». Doch Geduld bringt Rosen. Als mich die netten Leute in der Prüfstation bereits als «alten Bekannten» duzten, als sie freundlich nickten: «So, so - ist es wieder einmal soweit», als sie mir schon eine Jubiläums-Medaille: «Unser liebster, treuester Gast» geben wollten - da blieb die Welt für eine Sekunde stehen. Ich schaffte es. Zumindest theoretisch. Praktisch lag alles noch in weiter Ferne.

Immerhin - es kam der Tag des Fahrexperten. Meine Bekannten haben mit ermunternden Zusprüchen nicht gespart: «Als ich die Prüfung machte, musste ich noch zum Seppi Schwabe. Und der kam dann in den Finken, und ich musste mit ihm Zigarren holen. Und dann hat er mich gefragt: «Welches Licht bei Nebel nimmt man?» Und dabei sass er vor dem Plakat «Bei Nebel Abblendlicht. Und so einfach war alles.

Sechs Mal ist Seppi Schwabe bei meinen Bekannten in Finken erschienen. Und zwanzig Mal ist die Prüfung bei meinen Bekannten in zehn Minuten verlaufen. Selbstverständlich haben sie nie Fahrunterricht gehabt. Und von Herzen lachen sie heu-

te: «Ich möchte nicht, ich müsste noch einmal!»
Ich habe die Himmlischen angefleht, sie mögen mir beistehen. Als der Tag der Prüfung kam, als ich zitternd und bibbernd vorher noch eine Übungsstunde absolvierte, da sollte ich in eine Parklücke fahren. Beim fünften Versuch seufzte Herr Müller ergeben. «Fahren wir weiter – ich werde mit Ihnen bestimmt noch den 60. Geburtstag feiern.»
Um es vorweg zu nehmen: ich musste in der Prüfung prompt rückwärts parkieren. «Lieber Christophorus, mach mich fromm – und dass ich in diese Parklücke komm!», soweit das Stossgebet. Dann schloss ich die Augen. Ein Wunder von oben: Unsichtbare Hände müssen mich direkt in die Lücke bugsiert haben.
«Grossartig», sagte der Prüfungs-Experte. Und der Himmel hing voller Geigen. «Grossartig – so haben sie noch nie. Und so werden Sie auch nie mehr parkieren.»
Dann bekam ich den Fahrausweis.
Heute morgen wollte ich wieder so schön, so direkt, so elegant in die Parklücke – ich vergass leider Christophorus anzurufen. Ein herzzerbrechendes Krachen – jetzt rufe ich meine Garage an ...

Ameisen

Wir haben Ihnen von den schrecklichen Schaben berichten müssen. Auf die Gefahr hin, dass Sie unsere Wohnung für einen Circus halten, müssen wir Ihnen nun auch von Ameisen erzählen. Wir haben nämlich. Nicht eine oder eine kleinere Familie – wir haben Legionen. Meistens im Zucker. Manchmal auch an den Konfitürengläsern. Am liebsten jedoch mögen unsere Ameisen Tante Annegreth's hausgemachten Johannisbeer-Likör. Um ehrlich zu sein; sie sind eine recht versoffene Bande...

Unsere Perle Linda entdeckte die erste. «Uahhh», rief sie, «that's an ant!» Wir wussten nicht, was eine «ant» ist. Und als wir nachschauen wollten, klebte die Ameise bereits an Lindas Daumen.

Nun kommt eine Ameise selten alleine. Linda schnüffelte ihnen nach: «Sie sind in den Geranien», wetterte sie, «ich habe immer gesagt, Geranien bringen Ameisen».

Sie hatte das nie gesagt. Aber man kann eher einer Ameise das Jodeln beibringen, als meiner Linda widersprechen.

Mutter erschien mit runden Büchsen. «Wir bohren da ein Löchlein hinein. Sie spazieren ins Innere, vergiften sich, vergiften auch die andern – fertig. So einfach ist alles.» Sie rieb sich genussvoll die Hände – ein Hauch von Arsenik und Spitzenhäubchen.

Unsere Ameisen jedoch fühlten sich in den Blechdingern ameisenwohl. Sie benutzen die Dosen als Einfamilienhaus. Und ich vermute, sie waren betrübt, als Mutter nicht noch mehr von diesen komfortablen Ameisenhotels anschleppte.
Am schlimmsten ist's nun, wenn wir Besuch haben. «Lass' ums Himmelswillen niemanden in die Küche!», jammert Mutter. «Ameisen – das ist wieder vornehm. Nimmt mich nur wunder von wem Du das hast. Von unserer Seite jedenfalls nicht...»
Ameisen halsen einem während einer Einladung die dreifache Arbeit auf. Vor dem Servieren wird alles dreimal auf Herz und Tiere geprüft – ist der Teller ameisenfrei, darf er raus. Einmal nur ist's uns passiert, als der Schlagrahm in der Kristallschüssel herumgereicht wurde – eine Dame hüstelte: «Da hat's doch dunkle kleine Punkte drin?!»
Daraufhin Mutter seelenruhig: «Ich weiss nicht, Madame, wie's bei Ihnen ist – aber wir drücken stets eine Vanille-Schote über den Rahmberg. Ganz wie früher...»
Daraufhin schöpfte die Dame noch einmal kräftig. Als die Gäste gegangen waren, freute sich Mutter: «Siehst Du – sie hat's geschluckt. Die soll nur nicht so exklusiv tun.»
Wie sagen die Bayern doch: «Jeder hat a Meise...»

Läuse

Natürlich haben Sie Läuse. Frau Zirngibel hat auch ein paar. Und spätestens an Ihrem Kopfsalat werden Sie's gemerkt haben: ein selten lausiges Jahr.

Unsere Gartenrosen erblühen mit Laubflecken. Bei näherer Betrachtung sind's Lausflecken. Und mit erhobenem Zeigefinger schüttelt die Nachbarin ihre grausigen, lausigen Weisheiten über unsere zerlausten Erbsenschötlein aus:

«Mit Läusen ist nicht zu spassen. Sie müssen da radikal durchgreifen. Radikal!»

In der Drogerie war die Verkäuferin eitel Verständnis: «Läuse? Schrecklich unangenehm, nicht wahr? – Aber die haben jetzt Saison. Und wenn sie Ihren Garten heimgesucht haben, bringen Sie die nicht so schnell heraus. Läuse sind wie Versicherungsvertreter: an einem Ort heraus, am andern herein. Darf's etwas Radikales sein?»

Die Dame griff ins Regal.

«Da haben wir's. ‹Antilaus› – wirkt radikal.»

Bei «Antilaus» handelte es sich um eine Spritze aus Messing. Inschrift: «Vorsicht giftig – vor Kindern und jungen Haustieren schützen. Radikale Wirkung!»

Der Preis war auch radikal.

Wir sprühten unsere Rosa amabilis (eigentlicher Akkusativ: rosam amabilem) mit «Antilaus» ein.

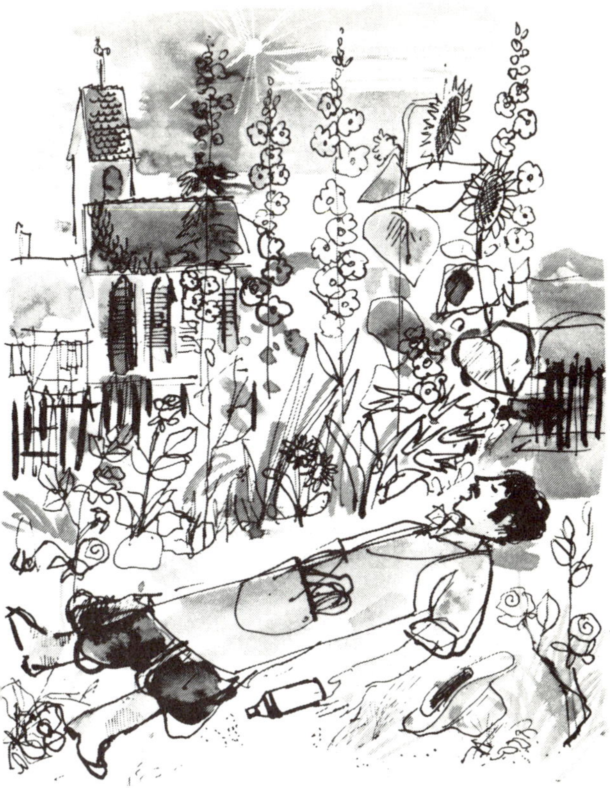

Drei Stunden später wirkte das Mittel radikal: Die Rose entblätterte sich in einem vehementen Sturm der Entrüstung. Am kahlen Stengel ballten sich fröhlich die Läuse. Sie haben als einzige überlebt. Vermutlich haben sie den «Antilaus-Schwall» als angenehmen Nieselregen empfunden und lachen sich nun halb krank.

Einundzwanzig Mal haben wir die kahle Rose mit «Antilaus» eingespritzt. Einundzwanzig Mal kämpften wir verbittert gegen die lausigen Tücken der Natur. Dann schwindelte uns. Die Sinne wurden benebelt – wir sanken in die Dornen. «Es steht doch ausdrücklich ‹wirkt radikal› drauf», wetterte der Arzt. Er klopfte auf die Antilaus-Spritze und zog mir den letzten Dorn.

Da versuchen wir mit Pillen und Drogen die Tauben zu überlisten. Was tun sie? Sie fressen die Pillen und brüten weiter.

Da gehen wir mit chemischen Winden gegen die Kleinsten der Kleinen vor – gegen die Läuse. Was passiert?

Wir haben keine Läuse an den Rosen mehr. Sie haben nun zum Rittersporn gewechselt.

Denn die Kleinen hat Gott lieb ...

Schaben

Als meine Hausperle Linda kürzlich an den Besen ging, als sie energisch mit dem Staublappen wedelte und so den Winter aus der Stube fegte – als ich eben vor dem Staubsaugerbrummen flüchten wollte (brummende Staubsauger erinnern mich stets an schlechtgelaunte Physik-Lehrer), als ich mich also aus dem Winterstaub davonmachen wollte, hielt mich ein spitzer Schrei zurück.
Linda fuchtelte aufgeregt vor meinem Kleiderkasten: «Oh my dear – Motten!» Und dann völlig ergriffen: «Wir haben Schaben im Haus.»
«Reg dich nicht auf», rief meine Hausperle, noch völlig aus dem Häuschen, «morgen bringe ich meine ureigene Hausmischung gegen diese Ungetümer mit.» Ich schluckte. Meine Linda kommt aus Jamaica. Und ich kenne ihre Hausmischungen.
Am nächsten Tag schleppte sie eine Lauge an. Damit wusch sie den ganzen Kasten aus. Das Feuerwässerchen stank bestialisch. Später stanken auch meine Kleider – die Leute nahmen alle Reissaus. Nur die Motten blieben. Sie frassen sich stets weiter durch. Zwei Gucci-Pullovern gingen sie an die Ärmel – einem Baumwollhemd von Hermes frassen sie den Kragen an und als kleines Dessert verspiesen sie zwei Spitzen-Boschettli. Meine Migros-Hemden liessen sie links liegen. Wir hatten keine

gewöhnlichen Schaben – wir hatten die Gourmets unter ihnen zu Gast.

In der Drogerie gaben sie mir chemisch behandelte Blätter. «Sie müssen sie einfach in den Kasten legen und schauen, was dann passiert.» Ich legte. Und ich schaute. Nach drei Tagen hatten sich die kleinen Schleckmäuler bis zum Kashmir-Rollkragen-Pulli durchgearbeitet. Ich rettete das teure Stück und legte den Biestern ein Acryl-Pyjama hin. Sie blieben standhaft. Kein Fädelchen hatten sie davon geschluckt – lieber verhungern die, als dass sie so etwas Entsetzliches fressen.

Mutter riet zur bewährten, alten Mottenkugel: «Natürlich musst du deine Kleider dann auslüften – aber ‹Gampfer› hilft ...»

In der Drogerie gaben sie mir bereits Prozente. Ich war einer ihrer besten Kunden ...

Linda kam schliesslich auf die Glanz-Idee. «Wir hinterlisten dieses Bestien.» (Für das Deutsch kann ich nichts. Das ist linda-esisch.) «Wir räumen Kasten aus. Und dann Schaben erleiden Hungertod. Mittlerweilen wir bringen Kleider in Haus in Elsass ...»

Unser Plan glückte. Allerdings hat auf meinen kuschelig weichen Pullovern die Katze meiner Elsässer Nachbarin Mutterfreuden entgegengesehen – aber besser die Katze auf dem Pulli, als die Schaben im Hemd.

Übrigens – gestern ist mir eine Mit-Mieterin jam-

mernd im Hausgang begegnet: «Ich weiss gar nicht, wie das passiert ist – aber haben Sie auch Schaben?»
Ich schüttelte entsetzt den Kopf: «Schaben?! – Also ich bitte Sie ...!» Dann schloss ich lächelnd die Tür. Schabenfreude ist die schönste Freude ...

Angina

Als ich kürzlich erwachte, hatte es mir die Sprache verschlagen. Aus und Amen. Da kam weder gyx noch gax. Da kam höchstens ein Zischeln. Und Keuchen.
Der Arzt nahm mich hinter den Vorhang und ging in völliger Nachtdunkelheit mit einer kleinen Stablampe auf meinen Rachen los. Rachsüchtig biss ich zu. Er sagte mir einiges und wechselte das Folterinstrument: Diesmal bespiegelte er mein Halszäpfchen und reizte mich derart, dass beinahe etwas höchst Reizloses passiert wäre.
«Angina», sagte der Arzt vergnügt. Und nickte heftig: «Angina – mandellos. Sie haben sich Ihre Mandeln herausschälen lassen. Aber trösten Sie sich: Sie hätten Angina auch mit Mandeln ...»
Er ging ans Pult, sudelte auf dem weissen Rezeptblock allerlei Hieroglyphen und brummte: «Es wird sehr schmerzhaft werden. Vermutlich haben Sie hohes Fieber. Aber Sie sind ja eine Rossnatur. Unkraut verdirbt nicht – haha!»
Mein Arzt ist eine Frohnatur.
Zu Hause verkroch ich mich in die Federn. Wenn ich krank bin, will ich keinen Menschen sehen. Aber man ist machtlos gegen das Telefon. Und gegen die Argumente einer Mutter: «Mit Angina ist nicht zu spassen ... dein Onkel Mygger wäre fast daran gestorben. Ich schicke Dir eine Pflegerin.

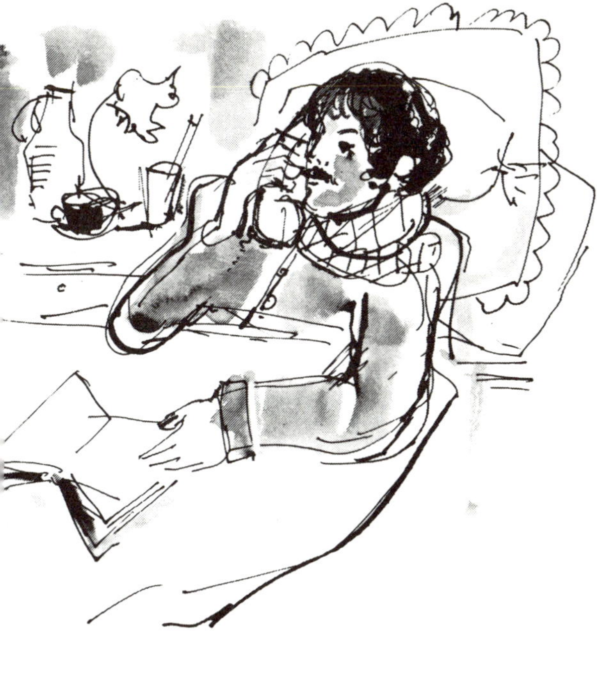

Sie heisst Christa – Schwester Christa...»

Mit Schwester Christa war auch nicht zu spassen: «Also – wie geht's uns denn heute? Haben wir ein bisschen Appetit?»

Wir hatten. Das heisst: Ich brachte keinen Bissen herunter. Aber Schwester Christa fiel wie ein Heuschreckenschwarm über meinen Eisschrank her. «Wir müssen essen, dass wir zu Kräften kommen», erklärte sie. Zum Dessert ging sie dann an meine Pralinés.

Als sie ging, war ich heiss wie ein Tauchsieder. Ich klebte ein Plakat an die Türe: «Schwerkranker Patient – Ansteckungsgefahr. Eintritt verboten».

So hocke ich also seit Tagen im Bett – alleine, abgeschlossen von der Umwelt. Umgeben von Lindenblütentee, von den Marlene-Dietrich-Memoiren und einem Pillen-Zäpfli-Salat, der mir die Sprache wiederschenken soll. Einmal nur habe ich zum Telefon gegriffen, habe alle meine Stimmbänder zusammengenommen und die Zeitung angerufen. Ich weiss, wie sie leiden, wie sie ohne mich herumirren, wie ihnen mein tröstendes Wort fehlt: «Also, meine Lieben... (hier versagte die Stimme wieder) ich hoffe, es geht auch ohne mich»

«Was heisst da ohne Dich?», antwortet's spitz. «Hast Du gefehlt? Wir haben's gar nicht gemerkt – gute Besserung noch...»

Da hatte ich wieder keine Töne mehr...

Lädeli

Kürzlich habe ich Kartoffeln gekauft. Sie lagen steril abgepackt in einem Regal: Braune, gewaschene Kartoffeln auf blauem Karton – darüber eine hauchdünne Cellophanschicht. Alles hygienisch einwandfrei. Preisetikette. Unterstrichenes Datum. Kilopreis. Und präzise Gramm-Angabe.
Ich musste an meine Tante denken. Und an unser Lädeli. Sie nannte es zwar «Lebensmittel-Geschäft». Aber im Quartier sagten alle: «'s Lädeli».
Auch meine Tante führte Kartoffeln. Ich habe die Dinger stets abgepackt.
Für einen halben Franken. Oder für eine Tafel Milchschokolade, die gerade Aktion feierte.
Die Kartoffeln kamen in einem grossen Jute-Sack. Sie waren staubig, unangenehm – und sie stäubten wie zu stark gepuderte Frauengesichter.
Meine Tante brachte mir dunkelbraune Papiersäcke: «Fülle Kilo-Säcke ab. Und einige Pfund-Säcke – das Fräulein Singeisen ist alleinstehend. Und was soll sie mit einem Kilo Kartoffeln anfangen?»
Ich füllte also die Säcke ab. Und ich genoss die Ambiance im Magazin. Auf einer Elektro-Platte kochte die Gemüse-Suppe aus Lauch- und Rüben-Resten. Leere Flaschen standen herum. Und auf der grossen, schwarzen Tafel leuchteten Stichworte wie: «Emmentaler bestellen ... Mineralwasser anrufen ... Omo ausgegangen».

Von vorne rief immer wieder fröhlich die Ladenglocke «drring». Dazu sang die Kasse ihr energisches Total «rätschding!» – und die Stimme meiner Tante besänftigte die hektische Stimmung: «Sechs Franken dreissig, bitteschön – für Fleischkäse gibt's keine Marken».

Später, wenn niemand im Laden war und meine Tante rasch einen Schluck von der heissen Gemüsesuppe versuchte, hörte ich, wie sie zu Mutter wetterte: «Hast Du die Schmied gesehen? Typisch – die Einkaufstasche voll mit Aktionswaschmitteln vom Super-Center. Und bei mir will sie 50 Gramm vom rezenteren Gruyère. Den bekommt sie dort nämlich nicht. Und Marken verlangt sie auch noch. Aber das nächste Mal werde ich eine bissige Bemerkung machen...»

Meine Tante sagte jedoch auch beim nächsten Mal wieder freundlich: «Einen Franken, bitteschön – Nein, auf Käse gibt's keine Marken. Vielen Dank.»

Eines Tages war Schluss. Das Haus wurde abgerissen – die Ladenglocke meiner Tante klingelte zum letzten Mal.

«Wir werden Sie sehr vermissen», hat das Fräulein Singeisen zum Abschied gesagt. «Wo bekomme ich nun mein Pfund Kartoffeln her?»

«Ihr Gruyère war der beste», meinte die Schmied. Und meine Tante hat gelächelt.

Das Lädeli war schnell vergessen. Doch wenn ich

diese abgepackten Kartoffeln auf dem blauen Karton mit dem hauchfeinen Cellophan-Schleier betrachte, so muss ich an Fräulein Singeisen denken. An den Jute-Sack mit den staubigen Kartoffeln. An die Gemüsesuppe im Magazin. Und an die Ladenglocke, die so fröhlich geklingelt hat ...

Heiliger Antonius

Ich bin der geborene Verleger. Ich verlege alles. Und ich verlege fortwährend. Deshalb schüttelt meine Perle Linda auch stets seufzend den Kopf: «O jerum – dieser Verlag hier. Man findet nix. Viel zu grosse Schwainerai...»

Als Verleger bin ich konstant auf der Suche. Am schlimmsten ist's mit den Schlüsseln. Manchmal lasse ich sie an der Türe stecken. Manchmal vergesse ich sie an der Kasse im Selbstbedienungsladen. Manchmal ruft mich das Fundbüro ganz von sich aus an: «Wir haben sie gefunden...» (und manchmal habe ich dann noch nicht einmal gemerkt, dass sie verlegt waren).

Linda meinte, ich solle die Schlüssel an eine Kette ketten. Das werde helfen. Aber nichts die Bohnen: Jetzt suche ich konstant die Kette.

Immerhin – Antonius liebt mich. Und das ist gut so. Denn Antonius sorgt dafür, dass meine Sachen immer wieder ans Licht kommen.

Antonius ist ein lieber Bekannter meiner frommen Anna.

«Du musst nur sagen: ‹Heiliger Antonius von Padua, hilf mer sueche was y verlore ha!›.»

Das ist alles. Er hilft bestimmt. Natürlich kostet's eine Kleinigkeit. Umsonst machen's nicht einmal die Heiligen...»

Gestern nun war meine Tasche weg. Ich hatte sie

im Auto neben die Handbremse gelegt. Dann habe ich ein Rotlicht überfahren. In solchen Fällen weiss ich nicht mehr, wo mir der Kopf steht – geschweige denn wo mein Handtäschchen liegt.

Der Polizist war sehr freundlich: «Also: Sie fahren da bei Rot mir nichts dir nichts drauflos... Einen Fahrausweis haben Sie auch nicht... Wie stellen Sie sich das eigentlich vor...?»

«Fünf Franken, lieber Antonius, fünf Franken», versprach ich flehend. Jetzt wurde der Polizist aber sehr ernst: «Das ist Beamtenbestechung...»

Aber siehe da: die Tasche lag plötzlich unter dem Sitz. Die Welt samt Fahrausweis war wieder in Ordnung. Der Polizist kam allerdings teurer als der heilige Antonius.

Ich erzählte meiner frommen Anna die Geschichte. Sie lächelte: «Jetzt brauchen wir noch einen lieben Freund für den Verkehr...»

Morgen bringe ich dem heiligen Christophorus einen Fünfliber.

s Fasnachtsliedli

Mein erster Schatz hiess Fräulein Zürcher. Sie war meine Kindergärtnerin. Und sie ahnte nichts von ihrem grossen Glück.

Fräulein Zürcher wusste stets die schönsten Geschichten. Vor der Fasnacht beispielshalber lehrte sie uns «'s Fasnachtsliedli». Vielleicht kennen Sie's? Man singt's zur Melodie «z Basel an mym Rhy». Rosie und ich konnten es zweistimmig, was seinen Wert noch erhöhte – die Tanten waren begeistert. Nur unsere Eltern blieben gelassen. Und kalt. Vater, der alte Pisten-Raser hätte lieber gehört, wenn wir «alles fahrt Schi» gesungen hätten. Und meine Mutter schaut sich heute noch die Züge im Fernsehen an — Begründung: «Auf diese Art kommen mir wenigstens keine Räppli ins Haus...»

Unter so unfruchtbaren Bedingungen schlugen zwei heissblütige Bebbi-Herzen: «Wenn ich gross bin, will ich trommeln lernen», erklärte das Rosie.

«Und ich pfeifen!», ergänzte ich.

«Erstens wäre das umgekehrt – Maitli können nicht trommeln», erklärte Vater.

«Und zweitens hätten wir sowieso kein Geld».

Das mit dem Geld stimmte – das mit den Maitli nicht. Rosie war stocksauer: «... und ich werde... und ich werde... und ich werde!». Dann schaute sie mich an: «... und du wirst auch!».

Schliesslich haben wir das Fasnachtsliedli auswendig gelernt. Ich nehme die alte Läckerli-Trommel. Du schusterst Dir so ein Goschdym zusammen. Dann singen wir das Lied am Fasnachtsmändig in den Läden. Und auf der Strasse. Und mit dem Geld kaufen wir eine Trommel. Und ein Piccolo.»

Das mit dem Goschdym zusammenschustern, war sehr schnell dahergesagt. Ich änderte einen alten Theaterrock von Mutter leicht ab. Den abgeschnittenen Rest drapierte ich als Kopfputz (schon im Kindergartenalter schlummerte das Talent...). Überdies besorgte ich mir die Stöckelschuhe von Frau Gygax. Sie bewahrte diese stets auf der Terrasse auf. Mutters Lippenstift tat das übrige – Rosie hielt den Atem an. Sie sagte drei Sekunden kein Wort. Das buchte ich bereits als Erfolg.

Immerhin stand sie mir kaum nach. Sie hatte Vaters Trämler-Kittel zu einem Rock umfunktioniert. Dazu trug sie eine Ski-Mütze und Rennbrille – heute würde man es fast als Disco-Look bezeichnen. Unser Erfolg jedenfalls war umwerfend. Wir begannen bei Frau Schneiderhahn in der Bäckerei:

«Wir singen jetzt das Fasnachtsliedli, weil heute Fasnachtsmändig ist...», verkündete ich. Dann wirbelte das Rosie auf der Läckerli-Büchse. Und ich hub an: «Hängget d'Drummle-n-aa».

Rosie verwirbelte mir ständig die schönsten Passagen. Ich schoss ihr giftige Blicke zu. Die Leute jedoch waren hell begeistert:
«Eh aber au – das sich jetz e scheen Liedli». Frau Schneiderhahn griff in die Dääfi-Büchse. «Da – ihr Vagabunden.» Rosie winkte ab: «Geld wäre uns lieber – wir haben nämlich keines zu Hause. Und wir wollen eine Trommel. Und ein Piccolo.»
Ich schaute sehnsüchtig zu den Dääfi – doch Frau Schneiderhahn liess bereits einen silbernen Halbfränkler aufblitzen.
Wir gingen auf Tournee – vom Metzger Itin bis zum Kaffiröster Roth, vom Uhren-Meyer bis ins Konsi. Dort liefen wir unglücklicherweise Frau Gygax in die Fänge. Sie schaute zuerst auf mein Kleid: «Was soll das – weiss das Eure Mutter?!»
«Natürlich!», trompetete das Rosie. Aber Frau Gygax war bereits bei den Schuhen – sie fiel fast in den Käse, rief sofort aus und blies zum Endmarsch. Nach zehn Minuten standen wir vor Mutter: «Mer hänn doch e Drummle welle. Und e Piccolo. Und mer kenne das scheene Fasnachtsliedli...»
Mutter hatte kein Musikgehör. Sie pfiff uns an – und trommelte uns ohne Nachtessen ins Bett.
«Die haben eben kein Verständnis für ein Fasnächtler-Herz», brummelte das Rosie im finstern Schlafzimmer.
Eine Stunde später hörten wir die Stimme von

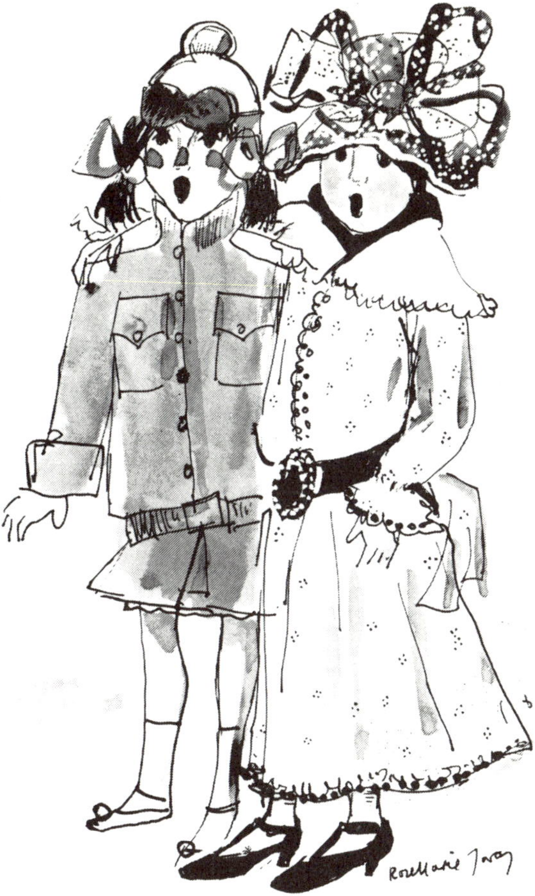

Frau Gygax wieder. Sie redete mit Mutter: «... eigentlich ist es doch eine nette Idee ... und weil mein Mann ja nicht mehr aktiv mitpfeift ... und da haben wir gedacht anstatt dass es so herumliegt...».

Mutter fuhr dazwischen: «psst! Ich geb's ihm morgen. Sie schlafen jetzt nämlich. Er hat's natürlich nicht verdient.»

«Wissen Sie, das Fasnachtsliedlein war ganz einfach allerliebst», lachte Frau Gygax, «und wie er ständig versucht hat, die Schuhe unter dem langen Rock zu verstecken ...», sie kicherte noch im Hausgang. Dann war wieder Ruhe.

Ich schlich mich in die Stube. Auf dem Tisch funkelte ein Piccolo – einen Moment lang war mir wie an Weihnachten zumute. Und vielleicht kommt's daher, dass für mich noch heute die Fasnacht wie Weihnachten ist...

Alters-Freuden

Als Grossmutter älter wurde, als sie ihr Haus nicht mehr richtig besorgen konnte und jede Treppenstufe eine Qual war – damals gab sie mit schwerem Herzen ihren noch schwereren Schlüsselbund aus der Hand: «Ich bin jetzt reif – reif fürs Altersheim»
Sie zog in ihr «Stift im Grünen», wurde von den Insassen wie ein neuer Hund im Jagdrevier argwöhnisch gemustert und glitt so langsam in den Tramp des Lebensabends:
«Freude am Morgenessen . . . Freude am Mittagessen . . .
Wann gibt es Abendessen?»
Die Besuche in diesem Altersstift sind mir jeweils trostlos vorgekommen.
Oft habe ich auf dem Heimweg vor mich hingeheult – ich konnte es kaum ertragen, zusehen zu müssen, wie die Zeit aus meiner fröhlichen, lebenslustigen Grossmutter ein dankbares, altes Menschenbündel machte, ein hilfloses Stück Leben, das auf die Frage, wie man denn so etwas nur aushalten könne, liebevoll über meinen Kopf streichelte: «Man muss im Alter dankbar sein . . .»
Natürlich gab es Abwechslungen. Die Schwestern waren eitel Liebe: «Wie geht es denn heute? . . . jetzt wollen wir aber noch eine feine, warme Tasse Tee trinken . . . aber was haben wir denn hier

wieder angestellt?» Grossmutter gingen sie auf die Nerven. Aber eben: man musste dankbar sein.

Es kam der Tag, da Grossmutter stolz verkündete: «Jetzt bin ich die Zweitälteste. Frau Oswald ist gestorben.» Und Frau Lichtenhahn, die Älteste, ist auch nicht mehr so grossartig im Strumpf.»

Plötzlich erhielt ihr Leben wieder einen Sinn, etwas Prickelndes. Wenn Frau Lichtenhahn nicht zum Morgenessen erschien, wenn sie eine kleine Grippe gepackt hatte, beschlich Grossmutters naives Herz eine leise Freude. Und oft habe ich sie nicht ohne Genugtuung sagen hören: «Gestern ist wieder eine gestorben. Dabei war diese erst 83 – fünf Jahre jünger als ich!»

Fast tönte es grausam, wenn ich Ihnen sagen muss, dass Grossmutter an dem Tag, als Frau Lichtenhahn einen Hustenanfall erlitt und dahingerafft wurde, die ganze Familie zu einer schlichten Feier einlud. «Ich bin nunmehr die Älteste», sagte sie bescheiden, «ich habe es geschafft».

Man sieht – das Alter bescherte ihr wohl noch hie und da kleine Freuden. Aber diese waren grausam, wie der Klatsch, der in den Gängen kursiert: «Die arme, arme Frau Strobelius. Hat drei Söhne und keiner besucht sie...» Oder: «Der guten Frau Kleiber geht's wieder schlechter. Lange wird's wohl nicht mehr dauern...»

Diese Hiobs-Botschaften waren immer mit einer

Prise «Gottlob bin ich noch nicht dran»-Freude gewürzt. Wiederum: bescheidene Freuden – aber sehr oft die einzigen, in den dunklen Wartsälen des Todes.

Etwas vom Wichtigsten waren die Besuche. Wenn wir jeweils vorfuhren, kam Grossmutter aus dem Portal geflattert, schaute verstohlen nach links und nach rechts und rief überlaut: «Nein so eine Überraschung. Jetzt besucht ihr mich schon wieder...» Dabei lag der letzte Besuch vier Wochen zurück. Und eine Überraschung war's auch nicht, weil wir uns telefonisch vorangemeldet hatten.

Wir wurden schliesslich von Zimmer zu Zimmer herumgeboten, mussten alle begrüssen – Grossmutter voran wie ein Feldweibel mit der stillen Genugtuung im Gesicht: «Meine Enkel besuchen mich! Ich bin ihnen auch im Alter noch wichtig!»

Nie vergesse ich die traurige Geschichte von den Paketen. Im Altersheim lebte auch eine alte Mutter, Frau Gröblin, die stets von ihren fünf Kindern erzählte, sie in allen Farben schilderte und ständig deren Besuch ankündete. Aber die Kinder kamen nicht. Da brachte der Pöstler Riesenpäckchen mit herrlichen Weihnachtsgeschenken. «Von den Kindern», erzählte Frau Gröblin stolz. Die Altersheim-Damen bekamen Temperatur und wurden neidisch.

Immer wieder schellte die Post. Ja, eine Woche vor

Weihnachten verging kaum ein Tag, an dem Frau Gröblin von ihren Kindern nicht mit Paketen beschenkt worden wäre. «Sie sind so lieb», erzählte die Überglückliche immer wieder, bis uns Grossmutter einmal still auf die Seite nahm:
«Es ist eine arme Frau, Tag für Tag gibt sie Pakete für sich selber auf. Nur damit niemand sieht, dass sie an Weihnachten von ihren Angehörigen vergessen worden ist...» Weshalb ich Ihnen dies hier erzähle? –
Vielleicht haben Sie auch jemanden in einem Altersheim, der sich sein eigenes Postpaket schicken muss...?

Frühlingskur

Im Frühling mache ich stets eine Frühlingskur. Dafür ist der Frühling da.
Die Frühlingskur beginnt damit, dass ich mir vornehme: morgen machst du die Frühlingskur. Spätestens übermorgen.
Auf dem Markt kaufe ich dann Salat. Viel Salat. Salat gehört zur Frühlingskur. Unglücklicherweise bin ich kein starker Salat-Esser. Ich mag am liebsten die Nudeln neben dem Salat. Aber eben: jetzt kommt die Frühlingskur. Also kaufen wir noch zwei Tomaten und frischen Spinat.
An der Confiserie gehe ich standhaft vorbei. Im Schaufenster blinzeln mir die Crèmeschnitten entgegen. Und auch die Mohrenköpfe ziehen freundlich den Hut. Sehnsüchtige Blicke – dann kaufe ich Karotten. Weiss der Himmel, was die Kaninchen an Karöttchen finden mögen – ich mag Pommes frites besser.
Natürlich gehört Milch zur Frühlingskur. Am besten Magermilch. Man kann Spinat damit mixen. Und eine halbe Banane. Und auch Peterli. Das nennt man dann «Frühlingsdrink».
Ich kaufe Magermilch. Und einen Mixer. Dazu noch frischen Sellerie: «Es schmeckt nichts besser als frischer Stangensellerie, roh geknappert und gut gekaut» – soweit mein Frühlings-Arzt.
Ich mag Sellerie nicht einmal gekocht. Allerhöch-

stens an einer sehr dicken Bêchamel mit viel Schinken und Käse – soweit ich.

Zu Hause packe ich den Frühling aus. Ich rapse, presse, mixe – Karöttchen-Berg, Tomatenscheiben-Berg, Stangensellerie-Berg.

«Wichtig ist die innere Einstellung zur Frühlingskur – Sie müssen sich über ihr Gemüse freuen, müssen es gut kauen, gut speicheln, die Kraft des Frühlings in der jungen Karotte spüren.»

Wenn wenigstens harte Eier mit Mayonnaise den Frühling bedeuten würden. Aber nein: diese Marotte mit der Karotte!

Ich kaue, speichle, rapse und rülpse — Rohes ist nicht's für meinen verwöhnten Magen. «Roh macht froh», hat Friedel Strauss zwar oft gesagt. Und sich dann genussvoll über einen Teller mit Röschti hergemacht. Ich aber bleibe standhaft – das Essen wird mit einem «Spinat-Magermilchetwas-Fondor-und-das-Gelbe-vom-Ei-Cocktail» abgerundet.

Eine Woche lang ist der Frühling über mich gekommen – dann kam der Sonntagsdienst. Unsere Kantine kennt leider keine Karöttchen. Keine Stangensellerie. Und keine Magermilch.

Unsere Kantine kannte am Sonntag überhaupt nichts ausser einer Büchse Ravioli, die im Eiskasten vor sich hin fror.

Mein Heisshunger auf die eiskalten Ravioli war enorm. Es war ein Pfund mit Sauce. Die Sauce bestand aus Tomaten – hier wurde der vegetarischen Frühlingskur Rechnung getragen.

Anschliessend hatte ich einen eisigen Ravioli-Klotz im Bauch. Wir wärmten ihn mit heissem Kaffee und einer Ananas-Torte auf. Über der Ananas-Torte schwabbelte ein Rahmberg. Den Kaffee aber hellten wir mit frühlingskuriger Magermilch auf – man muss auch Kompromisse machen können...

Auto-Frühling

Man sagt immer, die Menschheit von heute sei unfreundlich. Und so kalt. Und so «jeder nur für sich».
Stimmt nicht.
Die Leute sind nett. Und sogar die Lastwagen-Chauffeure (und die haben doch wirklich nicht viel zum Lachen). Und überhaupt die Autofahrer – besonders die nasenknübelnden. Das sind Gemütsmenschen mit weichem Kern.
Also: Ich hopple mit meinem Wölkchen durch die Gellertstrasse in Richtung Sägeberg. An der Kreuzung macht das Wölklein «pffft». Und «chrrr». Dann röchelt's. Rotes Licht erlischt. Gelbes Licht erlischt. Blaues Licht erbleicht – ich erbleiche auch.
Ich versuche es mit dem Zündschlüssel – immer wieder: ein höhnisches Auflachen des Motors. Ein höhnisches Auflachen der Strassenarbeiter.
Also was hat uns Fahrlehrer Müller gelehrt: «Dreimal durchschnaufen ... cool bleiben ... Pannendreieck aufstellen ...»
«Hier nix können Sie aufstellen Signal ... hier wir bauen Loch» – so der Strassenarbeiter aus Brindisi. Ich verwerfe die Hände (à la Mamma Arioli), ich schlage das Kreuz und erkläre: «Ich Panne ... panna ... capisco?»
Massimo aus Brindisi versteht nur Schlagrahm.

Und Bahnhof. Er verteidigt den Platz: «Hier Loch...! Basta!»

Mittlerweilen hält der erste Wagen. Herr Siedler ist's. Er fährt ins Restaurant: «Kann ich etwas helfen?»

«Vielen Dank – wenn Sie meinen Garagisten benachrichtigen würden. Er heisst Brodbeck. Und er soll kommen. Mit Öl. Möglichst bald – das Wölkchen liegt im Sterben...»

Die Strassenarbeiter umstehen nun mein Wölkchen. Sie zucken mit den Schultern: «Altes Wagen... pfeifen aus dem letzten Loch.»

Jetzt ist meine Mutter-Ehre angegriffen: «Der Wagen funktioniert ausgezeichnet... wenn nur die italienische Wirtschaft so funktionieren würde – überdies ist es ein seltenes Modell.» Massimo aus Brindisi öffnet die Kühlerhaube. Weiss der Himmel, wie er das geschafft hat. Ich weiss nie, wo man das Ding knackt.

«Hier, Kabel nix gut – Oxidation.» Er rüttelt am Blindarm. Das Kabel sprüht Sternchen. Einen Moment lang erlebe ich den 1.-August-Abend am Märzen-Morgen – die Stimmung ist richtig feierlich. «Du brauchen gutes Kabel...»

«Ist noch Russ in Kerze», wagt Tino aus Bergamo einzuflechten. Massimo schickt ihm einen wütenden Blick: «Nix Russ – ist Oxidation. Stronzo!» (Letzteres ist leider unübersetzbar).

Tino und Massimo legen nun die Gedärme frei,

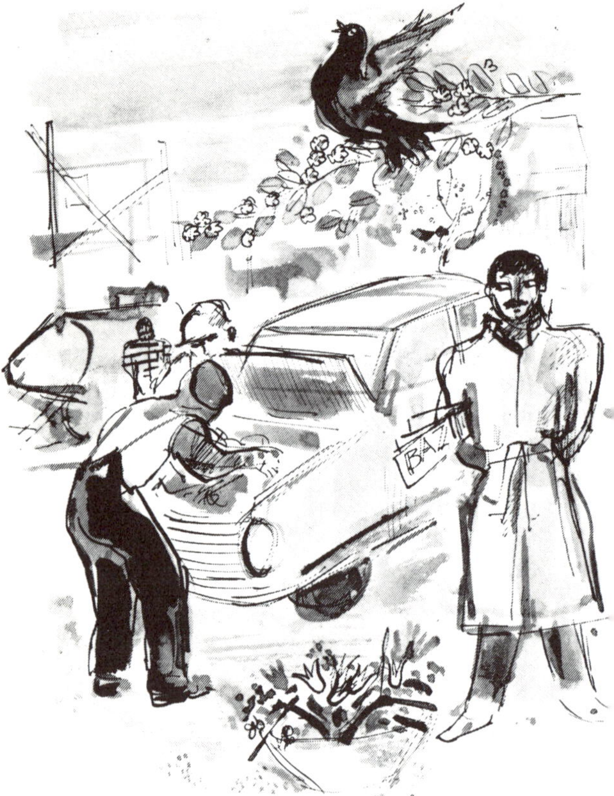
BAZ

putzen hier eine Kerze und stecken dort ein Kabel neu ein – wie Garagist Brodbeck anbraust, läuft der Wagen fröhlich.

«Es war nur die Kerze. Und ein bisschen Oxidation», erkläre ich wichtig. Mein Garagist staunt Bauklötzchen: «Sie haben das selber repariert?»

«Ach, diese Lappalie!»

Später salbe ich die Hände von Brindisi und Bergamo mit einem Zehnernötchen. Sie winken beim Abschied.

Gestern, als wir mit dem Wölkchen durch die Gellertstrasse an der Baustelle vorbeiratterten, winkten die Arbeiter wieder. Und dann «pffft». Und «chrrr». Und Lichtausfall. Schon springt Italien herbei, wühlt in den Kabeln und streckt die Hand hin: «Lockeres Kontakt» – erklärte Massimo. Ich salbe. Und fahre weiter.

Heute morgen war's «schlechtes Anschluss mit Batterie» – aber ich vermute, mein Wölkchen spürt den Frühling. Immer, wenn es an die italienische Baustelle kommt, beginnt es leicht zu zittern. Und die Tourenzahl steigt. Dann gibt es verliebt den Geist und das Gas auf.

Weshalb soll ein Auto keine Frühlings-Gefühle haben: autogener Frühling. Eben!

Es ist ein Drama – aber ich werde künftig einen neuen Weg wählen müssen.

Ticks

Einen Tick hat jeder. Irgendwie und irgendwo. So ein Tick würzt das Leben. Ticklose Leute sind farblos. Meine Grossmutter beispielshalber hatte den Schlüssel-Tick. Sie behauptete stets, man wolle sie bestehlen. Wenn sie bei uns auftauchte, ging sie sofort an die Geschirrtücher: Seltsam, Lotti – aber genau solche sind mir vor drei Wochen weggekommen. Ich will damit natürlich nicht sagen, dass...» Da hatte die Bombe ausgetickt. Da wurde nur noch explodiert...

Grossmutter war eine Schlossfrau. Sie hielt stets einen riesigen Schlüsselbund auf sich. Und sie verschloss alles und alle Türen mit mindestens drei Schlössern.

Wenn sie aus dem Haus ging, versteckte sie den Schlüsselbund. Sie war ein Genie im Entdecken von immer wieder neuen Verstecken. Im Alter litt sie dann leider an Gedächtnisschwund. Manchmal suchten wir stundenlang, bis wir ihre Schlüssel wieder hatten. Beim Schlüssel-Service figurierte sie unter VIP.

Dann kam sie ins Altersheim. Zuerst untersuchte sie die Türen. Dann liess sie die Schlosser kommen. «Es ist ihr Tick», entschuldigte sich Vater an oberster Stelle. Schliesslich freundete sich Grossmutter mit den anderen Damen an. Hie und da liess sie eine Bemerkung fallen, wie: «Also ich

müsste mich schon schwer täuschen, aber die Zimmerschwester von gestern hat genau dieselbe Blouse getragen wie Sie, liebes Fräulein ...»
Daraufhin erschienen die Schlosser wieder im Altersheim. Rings um meine Grossmutter wurde geschlossert und geschlüsselt – das Altersheim beherbergte nur noch Schlüssel-Figuren.
Nun kann ich mich noch sehr an die Wutausbrüche meiner Mutter erinnern: «Also es gibt Ticks. Und Ticks. Aber das ist doch einfach lächerlich ... seniler Blödsinn ... nicht mehr entschuldbar ...»
Kürzlich nun habe ich meine Mutter besucht. Als wir beim Kaffee waren, erschien der Schlosser. Er lächelte: «Ich habe doch richtig verstanden – drei Sicherheitsschlösser?»
Mutter wurde rot. Dann hustete sie verlegen: «Also wissen Sie, die vielen Einbrüche in der Nachbarschaft ...» Schliesslich neigte sie sich flüsternd zu mir: «Ich will ja nichts behaupten – aber ich könnte schwören, dass mein Stock an Leintüchern zurückgegangen ist ...»
Als der Schlosser sich verabschiedete, hielt er die Hand an die Mütze: «Freut mich, Ihnen zu Diensten zu stehen. Schon Ihre Schwiegermutter hat bei uns schlossern und aufbrechen lassen ...»
Vermutlich wird Mutter nun bald VIP.

Aufstieg und Fall eines Ski-Stars

Ich mag keinen Schnee. Ich habe diese weinerliche Kälte nie gemocht. Und es wird mir wohl immer ein Rätsel bleiben, was die Leute dazu veranlasst, zwei Stunden an einem Skilift Schlange zu stehen, sich tiefgefroren an einen Bügel zu hängen, und alles nur um mit Ach und Krach und Stemmbogen immer wieder in den Tiefschnee zu fallen und das hämische Grinsen der Pistenraser über sich ergehen zu lassen.

Nein danke! Nicht mit mir! Ich habe absolut kein Flair für eiskalte Zehen und blaue Nasen. Auch wenn Vater da andrer Ansicht war. Er hatte es nämlich gross im Sinn – mit mir. Und mit der Schweizerischen Ski-National-Mannschaft:

«Denen muss doch geholfen werden», so hatte er es am Jasstisch verkündet. Und als ihn die Kunde von meiner Geburt erreichte, kaufte er sofort ein Paar Kurzskis, zwei Stöcke (aerodynamisch!) sowie einen Sturzhelm. Mutter drückte er drei blasse Carol-Röschen in die Hände:

«Wo ist er? Ich muss ihn sehen. Bestimmt hat er Slalom-Beine. Ich weiss es. Ich bin sein Vater...»

«Er hat sehr schöne Augen...» lächelte Mutter.

Die Augen waren Vater völlig wurscht. Mit den Augen gewinnt man keine Lauberhorn-Abfahrt. Nein, er griff mich ergriffen ab, knetete murmelnd die Waden: «ja, ja – alles da. Schenkel und Waden

in Ordnung. Klare Slalom-Linie – wir werden morgen mit dem Trocken-Training beginnen...»
Die Schwester konnte ihn nur mit Mühe überzeugen, dass die Anprobe des Sturzhelms ganz einfach noch leicht verfrüht wäre...
Selbstverständlich wurde ich – kaum dass die Windeln trocken waren – in den nassen Schnee geschickt. Vater meldete mich bei der Ski-Schule Adelboden an: «Natürlich ist er noch etwas klein. Aber schauen Sie sich das Beinmaterial an. Und dann diese Waden – ist das eine Linie, he? Überdies hat er wunderschöne Riesenslalom-Augen – was sagen Sie jetzt?»
Der Skilehrer sagte nicht viel. Er war schweigsam wie die kühle Natur. Um so stärker brüllte ich, als der Schnee zum ersten Mal über mir zusammenschlug, und ich wie eine Lawine den Idiotenhügel herunterdonnerte.
Unten schaufelten sie mich zusammen. Der Skilehrer nahm mir die Bretter von den Füssen: «Talentlos – absolut talentlos!» Vater tröstete mich: «Mach Dir nichts draus: bei Beethoven haben sie auch gesagt, er verstünde nichts von Literatur und dann hat er doch die Glühbirne erfunden...»
Skifahren war mir nun genau so verhasst wie Lebertran. Oder wie Salzwasser-Gurgeln. Ich hatte vielmehr meine Liebe zum Schlittschuh-Laufen entdeckt. Hier waren die Bewegungen weicher, zarter. Überdies hatte Dorli Muff auf seinen Ge-

burtstag ein wunderschönes Schlittschuh-Röckchen mit Pelz-Muff bekommen. Das überzeugte mich. Ich hätte lieber einen Pelz-Muff, statt eines Sturzhelms gehabt. Und lieber ein Schlittschuhröckchen statt aerodynamischen Skistöcken. Insbesondere weil das Schlittschuhröckchen beim Pirouetten-Drehen wie eine Blume aufflog.

Dorli Muff wiederum war auf ihren Schlittschuhen sehr unglücklich: «Mutter sieht mich als Sonja Henie. Ich soll einmal ins Olympia-Team. Dabei habe ich bereits nach drei Umdrehungen einen Knoten in den Beinen...» sie seufzte. «Ich würde lieber durch Slalom-Tore flitzen. Und heisse Abfahrten bestreiten. Und dann hätte ich einen Sturzhelm...»

Zehn Minuten später hatte sie einen Sturzhelm – meinen Sturzhelm. Ich aber hatte ihren Muff – Dorli Muff's Muff. Der Austausch der Güter hatte in der Waschkküche stattgefunden. Als Dorli mir noch sein Schlittschuh-Röckchen und die Ohrenwärmer aus rosarotem Teddybären-Plüsch überreichte, war ich glücklich.

Allerdings – das Glück auf der Eisbahn schmolz nur allzu schnell. Als ich eben vor einer verblüfften Zuschauer-Zahl Pirouetten drehte, als sich das Röckchen liebevoll öffnete und ich meine Hände elegant in den Muff stecken wollte, da tauchte Vater auf. Sein heisser, roter Kopf war ein angenehmer Kontrast zum kühlen, blassen Eis: «Schämst

Du Dich nicht!?», fauchte er, «... was soll dieses Schlittschuh-Röckchen-Theater?! Pirouetten drehen... ha! Und dann diese rosaroten Ohrenschoner!»

Ich wurde abserviert – ein aufsteigender Eis-Star, der allzu schnell sank.

Zu Hause stand auch das Dorli Muff mit dem Sturzhelm. Der Austausch der Güter fand dieses Mal unter den Augen der Eltern statt. Dorli Muff litt weiterhin am Knoten in den Beinen. Und ich hielt mich krampfhaft an den Slalom-Stangen fest. Ins Olympia-Team sind wir beide nicht gekommen.

Die Welt hat's nicht anders gewollt – das hat sie nun davon!

Eigene Wege

An einem ersten April, kurz vor Ostern, flog ich aus dem Nest.
Mutter packte mir die Koffer und heulte: «Nie betrete ich Deine Wohnung!... was werden wohl die Leute von uns sagen?... als ob Du's bei uns nicht recht gehabt hättest! Diese Schande...»
«Also ich brauche noch Vorhänge. Stoff habe ich. Du könntest sie mir nähen... bitte...»
«... lass Dir die Vorhänge nur von einer Schneiderin nähen... Du wirst schon sehen was das kostet, wie das ist, selbständig zu sein... erwachsen zu sein, ist nicht einfach... wirst schon sehen, jawohl!»
Ich zog also mit zwei Koffern und einem elenden Gefühl in der Magengegend in meine erste Wohnung. Sie war klein. Ein einziges Zimmer – im Kasten steckte eine Kochnische. Und da war ein Bad mit Douche. Und mit Toilette.
«Nach zehn Uhr schliessen wir zu», sagte die Vermieterin.
«Sie sind noch reichlich jung... wir haben Vorauszahlung. Ich gebe Ihnen nachher die Quittung.»
Nachher stand ich im leeren Raum. Wenn ich das Fenster öffnete, ging der Blick auf die «Batterie». Und auf den Wasserturm. Dieser winkte wie eine alte Tante über das hellgrüne Frühlingsfeld.

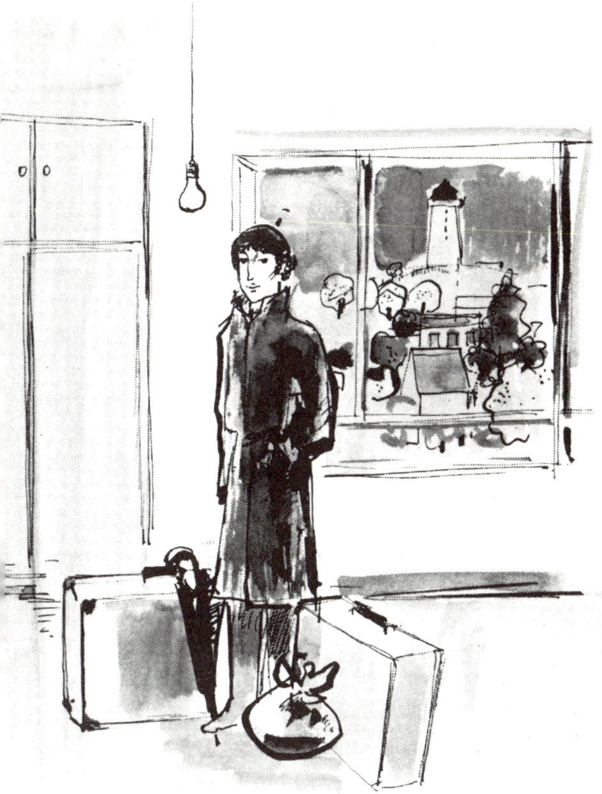

«Das also ist nun Dein eigenes Leben» - so dachte ich und öffnete die Koffer.

Es fehlten Kleiderbügel in den Einbau-Kästen. Also schloss ich die Koffer wieder. Und fuhr mit dem Tram in die Stadt.

Kleiderbügel war das erste, was ich kaufte. Kleiderbügel und drei Wechselrahmen. Bilder hatte ich noch keine. Aber die leeren Wände hätten mich traurig gemacht.

«Er ist doch alt genug», hat Vater gesagt. «Einmal muss er seine eigenen Wege gehen...»

Mutter hat geschnüffelt. Und sich die roten Augen röter gerieben: «... aber er braucht auch nicht hier zu essen. Wenn er von zu Hause fortgeht, bekommt er keinen Centime...»

Ich versuchte zu lachen: «Auch keine Brotsuppe mehr...»

Mutter heulte wieder. Und ich kaute am Klotz im Hals.

Spät in der Nacht fuhr ich mit meinen Kleiderbügeln und den Wechselrahmen heimwärts. Aber es war kein Heimkommen - es war wie eine Reise ins Abenteuer, ins Ungewisse.

Auf der Zeitung nahm ich nun jeden Auftrag entgegen. Ich war froh, wenn ich Geld verdienen konnte - manchmal war ich an drei Anlässen zur gleichen Zeit.

Die Luftmatratze wurde gegen ein Bett eingetauscht - das Brockenhaus half gründlich mit, mir

mein Zimmer wohnlich und nett zu gestalten. Nach zwei Monaten leistete ich mir bereits Telefon – zuerst wollte ich nach Hause anrufen. Aber der Stolz liess es nicht zu: die sollen nicht denken, ich krebse zurück...
Ich arbeitete wie besessen. Das Ungewohnte, Abenteuerliche bei der Fahrt in meine neue Wohnung fiel weg – es wurde wieder ein Heimkommen. Ein neues Heimkommen.
Als ich dann kurz vor meinem Geburtstag im Juni die Türe öffnete, hingen da Vorhänge. Ganz neu. Überdies lag ein Zettel auf dem Tisch:
«Die Hausmeisterin hat mich hereingelassen. Eine ordentliche Frau, die weiss, dass man ein Haus um zehn Uhr schliesst. Hier sieht es aus wie in einem Schweinestall. Und die Fenster sind auch nicht geputzt – deshalb die Vorhänge. Und eine Brotsuppe steht auf der Kochplatte. Wenn Du mich anrufst, weiss ich Dir die Adresse einer Putzfrau – Mama.»
Dann erst war's ein richtiges Heimkommen.

La Bohème

In unserer Nachbarschaft wohnte das Lotti. Für uns Kinder war sie eine «alte Frau». In Wirklichkeit zählte sie keine 50 Lenze. Aber Kinder sind unbarmherzig – überdies machte sich das Lotti nichts aus dem Alter. Sie trug eine graue Strubbel-Mähne. Und eine riesige Schürze. Sie trägt noch heute die Strubbel-Mähne. Und die Schürze. Und noch heute sieht sie aus, wie vor 20 Jahren. Wir sind mit der Zeit älter geworden – das Lotti nicht.

Mutter und Grossmutter sahen es nicht gerne, wenn wir bei Lotti «herumstrichen». Sie ist eine «Bohème» – flüsterten sie durch die Nase. Und die Spitzen ihrer «Zinken» wurden dabei gelblich weiss. Wir Kinder konnten uns unter einer «Bohème» nichts vorstellen. Tatsache ist, dass meine Mutter heute lauthals im «Kränzchen» die progressiven Frauen-Organisationen unterstützt und bewundert. Vielleicht ist das etwas anderes – oder Mutter ist auch älter geworden. Und das Lotti nicht.

Wir durften sie also manchmal besuchen. Ihr Atelier lag im dicken Nebelschleier – Lotti rauchte Stumpen. Wir wunderten uns, wie sie durch die grauen Schwaden ihre Leinwand stets wieder fand. Aber sie malte unbeirrt, sicher, wunderschön. Und konnte so herrlich dabei erzählen.

Lotti malte keine Katzen oder Kühe. Sie tauchte

ihre Pinsel in die Ölflecken, schloss die Augen und erzählte von bunten Wiesen, von Wäldern mit kahlen Bäumen durch deren schwarze Äste das Sonnenlicht wie ein silberner Schleier fallen würde – und wir sahen ihre Wiesen, ihre Lichter und Sonnen auf ihren Bildern.

Manchmal kamen Kunden ins Atelier. Wir mussten dann nicht verschwinden. Wir sassen auf dem grossen Feldbett und schauten zu, wie die Leute sich durch den dicken Stumpen-Nebel kämpften, wie sie die Bilder von allen Seiten betrachteten, wie sie etwas von Perspektive und Tiefe, von lyrischem Strich und progressiven Schwüngen daherredeten. Sie sahen anderes in diesen Bildern. Sie sahen keine Bäche, keine Wälder und Sonnen.

Schliesslich drucksten sie ein bisschen um den Preis herum, wollten die Summe drücken, kamen aber an die falsche Adresse: stumm sammelte Lotti ihre Bilder wieder ein. Und wünschte einen «schönen Abend». Das imponierte. Und sie bezahlten die lyrischen Striche, die gar keine waren, sondern Blumenwiesen.

Wenn die Leute das Bild davontrugen, ging Lotti zum grossen Wandschrank. Sie schüttete sich einen Becher mit Feuerwasser ein, nahm einen grossen Schluck:

«Warum glauben die Leute, dass eine ledige Frau nicht wie eine Mutter fühlen kann. Warum glauben diese dummen Puten mit ihren kleinen Kük-

ken, nur sie verstünden, was es heisst, Kinder grosszuziehen, mit ihnen zu leben, sie zu verlieren. Wenn ich so ein Bild hergebe, ist es stets ein Stück von meinem Leben, ein Stück von mir selbst, mein Kind...»
Sie sass dann mit leeren Augen vor ihrer Staffelei. Und wir verdrückten uns leise.
Zu Hause hörten wir dann wieder: «... ihr sollt nicht immer zu dieser Existentialistin. Sie ist eine Bohème. Und ihr werdet bei ihr nichts gescheites lernen.»
Dabei hat sie uns die schönsten Wälder und Wiesen gezeigt...

Ausflug ins Emmental

Als der Herr Lehrer heute morgen gesagt hat, dass wir einen Aufsatz über den Gourmet schreiben sollen, da ist mir mein Vater in den Sinn gekommen, weil der nämlich ein solcher ist und so isst.

Es war gerade am vorletzten Sonntag, als der Vater zur Mutter gesagt hat: «Hör Lotti, heute brauchst du nicht zu kochen, wir fahren ins Emmental, weil dort eine Beiz ist, wo man gut isst und du tust gut daran, wenn du einen Plastiksack mitnimmst.» Mutter wusste nicht, was sie anziehen sollte und nahm den Plastiksack mit.

Mein Vater war unterwegs sehr gut gelaunt: «Weisst du Bub, dein Vater ist ein Gourmet und isst gerne und weisst du schon was ein Gourmet ist?»

Und ich sagte, dass ich das nicht wüsste, doch da hat Vater fest geflucht, weil ihn ein Vauwe überholt hat und wo wir doch einen Opel haben!

Es war eine sehr schöne Fahrt ins Emmental und die Mutter sagte immer, wieviel sie zu Hause noch zu erledigen gehabt hätte und der Vater war immer noch muff wegen dem Vauwe und es war überhaupt sehr lustig.

Schliesslich hielten wir vor einem grossen Bauernhaus, das «Zum Leuen» hiess und Vater sagte, dass es hier sei und dass man es schon an den vielen Autos voraussen merke.

Drinnen war es sehr heimelig und sehr voll und die Wirtin sagte, dass sie jetzt keinen Platz habe und dass das am Sunntig immer so wäre und ob wir eine halbe Stunde warten könnten und dann hätte es Platz.

Daraufhin seufzte Mutter wieder und sagte, was sie zu Hause noch alles zu erledigen gehabt hätte und Vater dachte an den Vauwe und wir warteten. Schliesslich räumte eine grosse Familie das Feld. Der Familienvater schwang einen kleinen Plastiksack, in dem allerlei Gemüse, Fleischbrocken und gar ein Fischkopf schwammen. Das nehme er mit für den Hund, sagte der Mann und als er gegangen war, lachte mein Vater und meinte, diesen Hund kenne er schon: die Resten gäbe es für die Familie zum Znacht. «Wir nehmen dreimal das Gourmet-Menü zu 35 Franken», sagte der Vater dann zur Serviertochter, die aus Italien kam, und zur Mutter sagte er: «Wir wollen uns einmal etwas leisten, Lotti, denk an die Zeiten während dem Krieg, als wir froh gewesen wären, wenn wir nur ein Stück Brot...» und dann kam die Suppe.

Die Suppe war dick und seltsam, aber der Vater sagte, dass dies jetzt eine echte Bauernsuppe mit Wurststücken drin sei und Mutter glaubte es. Ich spielte mit den Wurststücken Unterseeboot, aber Vater verbot mir solches und sagte, das mache ein Gourmet nicht und so liess ich die Suppe stehen und die Wurstbrocken wanderten in den Plastik-

sack, den wo die Mutter vorsorglich mitgenommen hatte.
Die Serviertochter, wo immer schampar heisse Blicke auf meinen Vater zuschoss und wo der Mutter sauer aufstiess, indem sie sagte, «ob dies wohl auch zum Emmentaler Service gehöre», schleppte nun sechs Forellen an, die im braunen Anggen schwammen und die Münder offenhielten, was den Vater an seinen Bärendurst erinnerte.
Die Mutter wusste nicht recht, wie man die Fische richtig essen müsse, aber der Vater wusste es, weil er ja ein Gourmet war, und so haute er ihnen also mit dem Messer den Kopf ab und drückte das Brot in den heissen Anggen, den er dann mit dem Fisch aufass und hustete, weil der Fisch Geräte hatte.
Es war nun eine schaurige Knübliarbeit bis wir den Fisch auseinander und auf der Gabel wieder zusammen hatten. Deshalb sagte der Vater, wir sollen nur eine Forelle essen, weil es ja nachher noch viel gäbe, worauf die Mutter meinte, der Migros habe jetzt auch Forellen, tiefgekühlte und schon geschälte.
Als der ganze Tisch so richtig herrlich nach Fisch zu duften begann und Mutter sagte, sie müsse jetzt ein Saridon nehmen, denn der Fischgeruch mache ihr Kopfschmerzen, da wurde ein Ungetüm von Fleischberg, der wo sich aus mehreren Würsten, Kalb- und Schweinefleisch-Stücken zusammensetzte, hereingetragen.

«Jesses, an dem haben wir über eine Woche», stöhnte Mutter glückselig und zückte den Plastiksack, worauf Vater Blicke schoss, weil die Wirtin zu uns schaute.
«Darf ich jetzt so viel Fleisch essen, wie ich möchte», frug ich laut, und die Leute herum lachten, und die Mutter bekam einen roten Kopf und sagte: «Du darfst doch immer so viel Fleisch essen wie du willst.» Und dann meinte ich bloss «So? so?» und die Mutter verdrehte die Augen: «Ach diese Kinder!» – dann griff sie zum dritten Schweinskotelett.
Als wir alle kaum mehr babb sagen konnten, passte Vater den günstigen Augenblick ab, wo die Wirtin gerade beschäftigt war, dann musste Mutter den Plastiksack aufhalten – doch sie hielt ihn nicht richtig und die ganzen Fleischresten fielen auf den Sonntagsrock, und Mutter schrie: «Pass doch auf, du Trottel», worauf die Wirtin schaute und hämisch lächelte und Vater sagte: «Es wäre bloss für den Hund gewesen».
Zum Dessert gab es Meräng. Ich konnte fast nicht mehr, aber ich habe doch noch ein halbes verdrückt, weil der Vater gesagt hat, das müsse ich, wofür er es denn bezahle und es sei doch im Preis inbegriffen – die Mutter aber war noch immer sauer, weil ihr Rock versaut und weil sie keinen zweiten Plastiksack für die Meräng mitgenommen hatte.

Vater bestellte dann noch einen Kaffi Bäzi und Mutter griff sich erschreckt ans Herz, weil sie entdeckt hatte, dass der Bätzi nicht im Preis inbegriffen war. Der Vater sagte daraufhin, sie solle nicht so sein, man sei doch nur einmal jung und überhaupt – aber Mutter war dagegen und sie hätte zu Hause sowieso noch so viel zu erledigen gehabt.

Auf der Heimreise passierte es dann. Es wurde mir sterbensübel und wir mussten nach jeder zweiten Ortschaft anhalten, weil Vater um die Autopolster Angst hatte und immer hielten wir vergebens bis in Liestal – da kam es endlich.

Vater war sehr böse mit mir und sagte, ich sei ein schlechter Gourmet, der wo ein gutes Essen nicht zu schätzen wüsste und Mutter sagte, sie sei sowieso immer dagegen gewesen, wo sie zu Hause doch noch so viel zu erledigen gehabt hätte und hol's der Teufel da fuhr eben wieder dieser Vauwe vorbei und dann war auch der Vater wieder stinkmuff.

Zu Hause aber musste ich mich sofort hinlegen und bekam Kamillentee und Mutter sagte, sie könne den Plastiksack nicht mehr sehen und Vater solle ihn dem Herrn Schoch für die Susi, was dessen Dackel ist, geben.

Später erfuhren wir, dass Susi die feinen Sachen nicht gegessen hat, was beweist, dass Hunde keine Gourmets aber ansonsten gescheite Tiere sind.

Der Herr Doktor sagte dann, dass mein Magen

sehr gelitten habe und befahl, dass ich drei Tage zu Hause im Bett bleiben müsse und nicht zur Schule dürfe.
Und deswegen ist es so schön ein Gourmet zu sein.

Der Babysitter

Eva rief an.
«Oliver braucht einen Babysitter. Ich kann doch auf Dich zählen?»
Sie machte eine Pause. Ich machte auch eine Pause. Babysitting bedeutet einen Jass-Abend in den Kamin hängen.
«Immerhin bist Du der Götti», flötet Eva.
Ich bin geschlagen. Es war nicht Oliver, der einen Babysitter brauchte. Es war Eva, die ins Kino wollte. Aber man ist ja grosszügig geboren.
«Oliver ist das bravste Kind, das Du Dir vorstellen kannst», so Eva beim Abschied. «... sollte er wild werden, stelle einfach das Fernsehen ein.»
Typische Kindererziehung des 20. Jahrhunderts: Fernsehen als Beruhigunsmittel, als Schlafpille, als Babysitter. Nicht mit mir. Ich klemme das Märchenbuch von den wunderbaren Feen und den zauberhaften Blumen unter den Arm...
«Willst Du ein Märchen hören, lieber Oliver. Und dann süss träumen...»
«Ich will nicht träumen. Ich will noch ein Cola. Und einen Mc-Donald-Burger. Er ist im Eiskasten!»
Ich hole das Ding aus dem Gefrierfach, werfe es in den Infragrill, röste es warm und fülle Cola ab.
Oliver schmatzt: «Was ist das für ein Märchen...»

«... von einer Prinzessin, die auf einer Wiese wunderschöne Blumen pflückt.»

«Es gibt im Februar keine Blumen. Höchstens im Migros. Weshalb kommt der Kermit nicht darin vor? Der kommt immer in der Muppet-Show. Am Freitag. Um sieben Uhr auf dem Kanal 11. Und...»

«Also. Es war einmal ein Frosch; der hiess Kermit. Er pflückte auf einer Wiese Blumen und...»

«Der hat doch keine Zeit für so einen Mist. Der steckt dauernd in seinem Theater und hat Mais mit den Gewerkschaftern.»

«... aber sein Froschenherz sehnt sich nach einem lieben Frauchen, nach einem zarten, einfühlsamen Herzen!»

«Bist Du verrückt! Der Kermit ist absolut cool. Schon Miss Piggy hat's bei ihm versucht. Umsonst. Er ist eben nur ein Frosch – schaust Du nie Fernsehen?»

«... also es war einmal eine Prinzessin, gar reizend von Gestalt. Sie hiess Miss Piggy und...»

«... was! Diese dicke Sau ist eine Prinzessin. Mach' dich nicht lächerlich. Miss Piggy ist der Star des Muppet-Theaters. Überdies kann sie Karate. Und...»

Ich stelle den Fernseher ein. So ein Fernseher wirkt ungemein beruhigend auf ein Kinderherz. Sie bringen soeben «Schweine im Weltall». Miss Piggy knallt den ersten Offizier des Raumschiffs

mit einem einzigen Karatehieb unter den Stuhl.
« . . . und Du wolltest sie Blumen pflücken lassen», kichert Oliver.
Nun ja: es war einmal . . .

Zündender Ladenhüter

Es ist die Geschichte eines Ladenhüters. Dazu noch eine weihnachtliche Geschichte. Und am Anfang war der Anzünder...
Wir wussten alle nicht, wie dieser Anzünder in das Lädeli von Tante Hermine gekommen war. Tatsache: Er war da. Zweite Tatsache: Er war unbeschreiblich hässlich, unsinnig gross und spielte, kaum war der Benzin-Tank geöffnet, die traurige Weise «Alles vorbei Tom Dooley». Überdies verschlang er Dutzende Kännchen von Ronson-Oil. Ein Ladenhüter erster Klasse also.
Man versuchte alles. «Brandneue Sensation» – so wurde er im Schaufenster angepriesen. Mit flammendsten Worten wurde er den Kunden vorgeführt. Rund hundert Mal erklang «Tom Dooley» – die Kunden gingen, der Anzünder ging nicht.
Es kamen nun die Vor-Weihnachtswochen. Man hoffte auf ein leicht gestörtes Christkind, das den Ladenhüter vielleicht... – umsonst.
Am 24. Dezember wurde die Mannschaft zusammengerufen. Tante Hermine faltete die Hände und hub zu seufzen an:
«Wollt Ihr, dass ich ein versautes Fest habe, he?!»
«Nein Madame!»
«Dann um des Himmelswillen verkitscht mir diesen Ladenhüter!»
Daraufhin tat sich die Türe auf und ein schwarzer

Mann mit feurigen Augen trat ein. Fast einer aus dem Morgenland – doch er stammte aus den Entwicklungsgebieten.
«Möcht ich haben schönes Faierzeug für meines Frauen...»
Tante Hermine schaute die Verkäuferinnen an. Die Verkäuferinnen schauten Tante Hermine an. «Alles vorbei Tom Dooley», spielte der Anzünder – die «Entwicklungshilfe» war jedoch auf Dupont-Anzünder eingestellt.
Kurz vor fünf Uhr kam eine Dame.
«Ich hätte gerne ein Tischfeuerzeug... etwas Ausgefallenes, bitte... könnte ich einmal...»
Sie konnte. Wiederum erklang Tom Dooley und – oh Seligkeit, oh Wonne – zu guter Letzt lagen der Ladenhüter sowie ein Marmorapparat im Rennen. Ein Zittern durchbebte den Laden. Madame wählte den Ladenhüter. «Alles vorbei...» klingelte der Anzünder. Daraufhin schenkte Tante Hermine der Kundin zwei Kännchen Ronson-Oil und sank den Verkäuferinnen glückselig in die Arme. «Frohes Fest», hauchte sie.
Das Glück dauerte jedoch kaum fünf Minuten. Die Dame hatte es sich anders überlegt: «Das Marmorstück...»
Der Umtausch erfolgte wortlos.
Als nun die Dame gegangen war, knallte Hermine den Riesen-Anzünder wild auf den Boden, tanzte irr darauf herum und gab unweihnachtliche Laute

von sich. Rädlein explodierten, Ronson-Oil floss aus, ein letztes Mal «Alles vorbei Tom Dooley» – das war das Ende eines zündenden Ladenhüters.

P.S.I. Leider wollte es nun das Schicksal, dass kurz vor Ladenschluss der nette, schwarze Mann noch einmal den Kopf zur Ladentüre hereinstreckte: «Nähm ich dann doch noch grosses, scheenes Faier-Anzinder...»

P. S. II. Als an der trauten Familien-Weihnachtsfeier der frohe Weihnachtschoral vom «hellen Lichtlein, das überall Frohsinn in die Finsternis bringt» erklang, bekam Tante Hermine einen hysterischen Lachkrampf und schrie «alles vorbei Tom Dooley». Die weihnachtlich gestimmte Familie wunderte sich sehr...

Fleischküchlein

Als ich an einem Herbsttag meine Grossmutter besuchen wollte, standen alle ihre herrlichen Möbel vor der Türe. Das grosse Haus sah gespenstisch leer aus. Die alte Frau aber stand am Fenster und schaute in den Garten. «Weisst Du, wenn man alt ist, muss man alles richtig ordnen. Sie sagen, die vielen Zimmer wären zu viel für mich. Und ein paar Möbel darf ich mitnehmen.»
Sie versuchte ein Lächeln: «Bestimmt wird es sehr nett werden...»
Im Altersheim wurde Grossmutter stiller. Ruhiger. Ich vermisste ihre sprühende Energie – sie war ein Vogel, dem man die Federn gestutzt hatte.
«Ich kann mich nicht beklagen. Alles ist sehr sauber. Und das Essen sehr gut. Und die Zimmer sehr schön. Und die Aussicht sehr ruhig. Und die Leute sehr alt...», sie strich mir dann über den Kopf. Und ich spürte einen fetten Klotz im Hals.
Zu Hause machte ich meinen Eltern Vorwürfe: «Sie ist so unglücklich dort. Und die vielen alten Leute...»
«Aber Grossmutter ist auch alt», versuchte mir Vater zu erklären. «Wir müssen froh sein, einen so schönen, ruhigen Platz für sie gefunden zu haben. Und an Weihnachten holen wir sie für ein paar Tage...»
Auf Weihnachten blühte Grossmutter sichtlich

auf: «Sie haben gesagt, ich darf über die Festtage zu Euch kommen...?», schaute sie mich unsicher an. Der Blick tat mir weh. Später hörte ich, wie sie in der kleinen Caféstube die Neuigkeit herumerzählte: «Sie holen mich am Heiligen Abend. Über die Festtage...»
Einige lächelten. «Wir werden über die Festtage immer geholt...», meinte einer. Ein paar andere sagten nichts. Und Grossmutter wurde wieder still. Ich versuchte sie irgendwie aufzuheitern: «Was wünschtest Du dir denn? Wir möchten dir irgend eine Freude bereiten...»
Sie setzte sich wieder ans Fenster. Und schaute zu den Vögeln: «Ich habe alles. Ich brauche nichts – nichts mehr. Mein einziger Wunsch wäre noch einmal nützlich zu sein ... irgend etwas zu machen... etwas, das Freude bereitet, etwas das mir zeigt, dass ich doch noch zu etwas da bin...»
Ich schmiedete einen Plan: «Du hast doch stets so herrliche Fleischküchlein gebacken. Mutter kann sie nicht. Und du weisst ja, wie überlastet sie an Weihnachten ist. Könntest du nicht einspringen ... ich weiss, es ist ein bisschen viel verlangt. Ausgerechnet an einem Heiligen Abend...»
Grossmutter war sofort Feuer und Flamme. Sie zeigte es nicht – aber sie brummte, ich solle vorbeikommen, damit sie mir genau sagen könne, was ich für die Kiechli besorgen müsse.

Sie war jetzt wieder ganz die alte. In der Cafeteria sprach das Altersheim nur von den Kiechli. Und davon, dass eben nichts über die althergebrachte Küche gehe.
Der Plan scheiterte an der Familie: «Wir können die alte Frau an einem Heiligen Abend doch nicht schuften lassen – was sollen die Leute nur von uns denken...»
Wir holten Grossmutter dann über die Festtage zu uns. Ihr Gesicht war unbewegt. Bei der Bescherung steckte sie mir heimlich ein Paket aus Alufolie zu: «Ich musste sie doch machen – wie wäre ich sonst vor den andern dagestanden...»
Im Paket lagen drei Fleischküchlein.
Was ich Ihnen eigentlich damit sagen wollte: Freude schenken heisst oft: Gelegenheit geben, Freude zu bereiten...

5	Nagelkauer
9	Telefon
12	Frühturnen
15	Unpolitisch
18	Buschi-Sprache
22	Brot
24	Der Frühling naht mit Brausen …
27	Hüte
31	Überlastet
33	Die Prüfung
36	Ameisen
38	Läuse
41	Schaben
44	Angina
47	Lädeli
50	Heiliger Antonius
52	s Fasnachtsliedli
57	Alters-Freuden
61	Frühlingskur
64	Auto-Frühling
68	Ticks
70	Aufstieg und Fall eines Ski-Stars
74	Eigene Wege
78	La Bohème
81	Ausflug ins Emmental
87	Der Babysitter
90	Zündender Ladenhüter
93	Fleischküchlein